▪ 미래로 나아가는 과거 ▪
제2차
바티칸 공의회로 가는 길

미래로 나아가는 과거
제2차 바티칸 공의회로 가는 길

글쓴이 : 모린 설리반
옮긴이 : 이창훈
펴낸이 : 서영주
펴낸곳 : 성바오로
주소 : 서울 강북구 송중동 103-36
등록 : 7-93호 1992. 10. 6
1판 1쇄 : 2012. 9. 28
1판 2쇄 : 2013. 7. 17
SSP 954

취급처 : 성바오로보급소
전화 : 9448--300, 986--1361
팩스 : 986--1365
통신판매 : 945--2972
E-mail : bookclub@paolo.net
http://www.paolo.net

값 12,000원
ISBN 978-89-8015-800-3

The Road to Vatican II
Key Changes in Theology

Maureen Sullivan, OP

Copyright © 2007 by The Dominican Sisters of Hope
Korean translation copyright © 2012 by ST PAULS, Seoul, Korea

이 도서의 국립중앙도서관 출판시도서목록(CIP)은 e-CIP홈페이지(http://www.nl.go.kr/ecip)와 국가자료공동목록시스템(http://www.nl.go.kr/kolisnet)에서 이용하실 수 있습니다.(CIP제어번호 : CIP2012004264)

이 책은 저작권법의 보호를 받으므로 무단전재와 무단복제를 금합니다.
이 책 내용의 전부 또는 일부를 재사용하려면 반드시 저작권자와 성바오로출판사의 동의를 얻어야 합니다.

■ 미래로 나아가는 과거 ■

제2차
바티칸 공의회로 가는 길

모린 설리반 글 | 이창훈 옮김

차례

감사의 글 _7

서문 _9

1. 신학의 전환 _25

신학 패러다임의 전환 25 | 신학자의 과제 33 | 신新 신학 35 | 신 신학자들 37 | 결론 68

2. 교회가 세상을 보다 _70

제2차 바티칸 공의회로 이어짐 70 | 우리 시대를 위한 문헌 78 | 교회와 세상 : 화해 79 | 변화하는 신학 84 | 신학적 인간학 88 | 신학적 인간학의 열쇠 그리스도 92 | 토착화 94 | 믿을 근거들 97 | 새로운 역사의식 101 | 결론 107

3. 교회가 평신도를 보다 _110

제2차 바티칸 공의회 이전 교회 안의 평신도 110 | 목소리를 찾기 위한 투쟁 111 | 원천들로 돌아감 114 | 친교의 신학 117 | 신앙인의 감각 119 | 강생의 법 124 | 평신도의 시간 126 | 제2차 바티칸 공의회가 그

문을 열다 127 | 「인류의 빛」 129 | 신자 사제직 132 | 같은 성령을 선물로 받음 134 | 평신도와 교계의 관계 136 | 「기쁨과 희망」 139 | 현실의 신학 140 | 교회 사명을 위한 신학적 준비 142 | 「사도직 활동」 144 | 하느님 백성의 교회론 146 | 사도가 되기 위한 준비 147 | 결론 148

4. 교회가 자신을 보다 _151

제1차 바티칸 공의회부터 제2차 바티칸 공의회까지 151 | 변하지 않는 것을 변화시키기 155 | 「인류의 빛」: 변화를 위한 헌장 159 | 교회는 신비다 163 | 교회는 친교다 175 | 교회는 진행 중인 실재다 192 | 결론 203

에필로그 _209

그 "예언자들" 209 | 제2차 바티칸 공의회 문헌들 211 | 성령 214 | 미래 215

색인 _219

"관상하고 그 관상의 결실을
다른 이들에게 주기"

내게 신앙을 갖게 해주신 부모님께 바친다.

진리를 추구하도록 내게 영감을 준
성 도미니코 안의 형제들인
이브 콩가르와 세뉘를 기억하며

이 진리를 추구할 기회를 준
내가 속한 희망의 도미니코 수녀회에 감사드린다.

감사의 글

"감사는 마음의 기억이다."라는 오래된 프랑스 속담이 있다. 나는 이 속담을 이 책을 완성하고 난 후에 더 잘 이해하게 됐다. 과연, 내 마음은 제2차 바티칸 공의회에 관한 또 다른 이야기를 탄생시키도록 나를 도와준 많은 이들에 대한 기억으로 가득 차 있다.

* 자매 수녀들인 파트리치아 수녀와 에일린 수녀와 마르가리타 수녀는 이 책에 관한 나의 걱정과 소망들을 끈기 있게 들어주었다.
* 내 친구들, 도미니코 수녀회의 글로리아 카르디타와 메리 페이진은 끝까지 나를 격려해주었다.
* 내가 속한 희망의 도미니코 수녀회는 내가 말하고 싶어 하는 그 이야기를 믿었고 그 과정 내내 나를 지지해 주었다. 그 지지의 "목소리"는 종종 캐서린 맥도널 원장 수녀님이었다. 원장 수녀님의 유머러스한 전화 통화와 전자 우편은 줄곧 나를 미소 짓게 하고 확신에 차게 해줬다.
* 성 안셀모 대학 가이젤 도서관의 "천사들." 주디 로메인, 마르타 딕커슨, 매들린 그레이너, 수 가논, 로라 포퍼트가 그들이다. 그들은

자신들의 전문 식견을 제공해 주었고 늘 미소를 잃지 않았다. 내 연구는 그들 도움 덕택이다.

* 비서들인 데니스 리건과 린다 브래들리는 늘 "의무 이상을" 해주었다.
* 성 안셀모 대학 신학부 동료들. 그들은 나를 격려하면서 내 기획에 관심을 표명하고 조언해주었다.
* 성 안셀모 대학의 뛰어난 학생들…. 교회 안의 저 은총 충만한 순간인 제2차 바티칸 공의회를 내가 그들에게 소개할 수 있었다는 게 얼마나 큰 특전인지를 그들이 깨달을 수 있을지 궁금하다.
* 예수회의 제럴드 오콜린스. 내가 제2차 바티칸 공의회에 관해 쓴 모든 글은 그의 영감을 받았다. 그는 여정 내내 친구이자 신학 자문이었다.
* 내 편집인이자 조언자이자 늘 친구인 크리스토퍼 벨리토 박사. 이 원고의 각 장들을 꼼꼼하게 읽고 훌륭한 조언을 해준 데 대해 그가 상상할 수 있는 이상으로 감사드린다.
* 끝으로, 교황 요한 23세. 그분은 희망의 사람이자 성령의 도구였다. 그분으로 인해 내 삶은 달라졌다. 그리고 언제까지나 감사드릴 것이다.

이 분들은 내 삶에 그리고 이 책에 그들의 표시를 남겼다. 영예는 그분들의 것이며, 책임은 내 소관이다. 요한 23세의 위대한 공의회에 대한 계속되는 이야기를 내가 좀 제대로 다루었기를 희망한다.

서문

제2차 바티칸 공의회 이야기를 어떻게 말할까? 지난 40년 동안 많은 사람들을 매료시킨 질문이다. 또한 그들에게 도전을 제기한 질문이기도 하다. 하나만 들자면, 한 가지가 넘는 이야기가 관련돼 있기 때문이다. 이 공의회가 소집된 이유는 무엇이었으며, 공의회가 이룩하기를 바란 것은 무엇이었고, 실제로 공의회에서 일어난 일은 무엇이었으며, 이 공의회가 세계 차원에서 로마 가톨릭에 미친 충격은 무엇이었나? 이상은 모두 각자 그 나름의 이야기가 있는 정당한 질문들이다. 이 책은 그런 이야기 하나를 말하고자 한다.

1962년 10월 11일, 로마는 햇볕이 쨍쨍 내리쬐는 화창한 날씨였다. 하느님이 펼치시는 구원 역사의 또 다른 순간이 막 벌어지려 하고 있었다. 전 세계를 대표하는 2500명이 넘는 주교들이 성 베드로 대성전으로 행렬을 지어 들어가기 시작했다. 여러 이유로 역사에 기억될 한 사람이 그 뒤를 따랐다. 그 한 가지 이유가 막 드러나려 하고 있었다. 바로 제2차 바티칸 공의회였다. 그 긴 행렬의 끝에는 교황 요한 23세가 있었다. 그가 소집한 공의회가 막 시작하려던 그날 그가 무엇을 마음에 두고 있었는지는 그저 궁금할 따름이다.

나는 내가 그날로 되돌아가 이 사건의 증인이 될 수 있었으면 하고 종종 바라곤 했다. 그 사건은 정말로 많은 사람들의 삶을 형성했고, 그 일은 40년이 지난 오늘에도 계속되고 있다. 하지만 제2차 바티칸 공의회에 관해 여러 해 공부하면서 나는 그보다 더 먼 과거로, 곧 1962년 이전으로 돌아가고픈 생각이 들었다. 왜? 제2차 바티칸 공의회라고 알려진 사건을 공부할 때, 많은 것들에 충격을 받는다. 내게는 그렇게 짧은 시간에 어떻게 그 많은 것을 이룰 수 있었을까 하는 것이 큰 충격이었다. 어쨌든, 공의회의 네 회기는 각각 1962년 가을부터 1965년 사이의 몇 개월에 불과했기 때문이다. 그런데도 주교들은 핵심 쟁점들에 종종 불일치를 보이면서도 가톨릭 신앙의 정수를 건드리는 16편의 문헌을 마련할 수 있었다. 그들은 21세기와 그 이후 교회를 위한 일종의 강령을 마련한 것이다. 그리고 그 이후 40년 동안 제2차 바티칸 공의회는 수많은 책과 기사와 회의와 박사학위 논문의 소재가 됐다. 공의회 교부들이 이룩한 그 어마어마함이 나의 호기심을 촉발시켰고, 그래서 이 책을 쓰는 데 영감을 불어넣어 주었다고 나는 고백한다. 나는 이야기 이면의 이야기에 매료됐다. 성령께서는 공의회에서 열심히 활동하셨다고 나는 늘 확신했다. 이 책을 쓰기 위해 조사하면서 제2차 바티칸 공의회에서 성령의 활동은 1962년 훨씬 이전에 시작됐다는 것을 밝혀냈다. 그리고 그것이 내가 말하고 싶은 이야기다. 나는 제2차 바티칸 공의회에 이르는 길에서 이뤄진 진전들을 좀 들춰내고 싶다. 나는 그 노력이 씨가 되어 공의회에서 꽃피운 저 주목할 만한 신학자들, 결국에는 "제2차 바티칸 공의회의 건축가들"이라고 불리게 된 그 신학자들을 부각시키고 싶다. 그들의 중심 사상은 무엇이었나? 그들은 어떻게 발전했나? 그들은 당대 역사에서 어떻게 받아들여졌나? 그들의 신학적 탐구 결과로 어떤 변화가 일어났나? 제2차 바티칸 공의회 전문가 조지프 코몬착Joseph Komonchak은 이렇게 썼다.

> 제2차 바티칸 공의회가 행하고 말한 것을 알려면 공의회가 내놓은 문헌 16편을 참고해야 한다. 맞다. 하지만 제2차 바티칸 공의회가 어떻게 체험됐는지 그리고 하나의 사건으로서 그것이 무엇을 뜻하는지에 대한 의미를 제시하려면, 그 문헌들로는 불충분하다. 제2차 바티칸 공의회가 그렇게 되도록 도움을 준 사람들에게 눈을 돌려야 한다.[1]

세월이 흐르면서 다른 신학자들이 이와 관련한 놀라운 통찰들을 제공했다. 나는 그들이 한 일에 내가 조금 보탤 수 있기를 희망한다.

되돌아보려는 이런 바람은 공의회 교부들의 믿기지 않는 업적을 축소시키는 것이 결코 아니다. 뭔가가 있다면, 그들 안에서 또 그들을 통해 활동하시는 성령께 그들이 열려 있음을 드러내는 것이다. 그것은 또한 그들의 신학적 준비성까지도 드러내는 것이다. 지금이 "제2차 바티칸 공

---

1) Joseph Komonchak, "Vatican Council as Ecumenical Council: Yves Congar's Vision Realized", *Commonweal* 129:20(November 22, 2003), 12. http://www.jknirp.com/congar4.htm에서도 볼 수 있다.

의회에 이르는 길"을 진지하게 살펴보는 적기다.

내게 핵심적 물음은 이것이다. 어떻게 또 왜 제2차 바티칸 공의회가 개최됐을까? 오늘날 일정한 나이에 이른 가톨릭 신자들에게는, 교회에 대한 이해가 둘로 나뉜다. 제2차 바티칸 공의회 이전과 제2차 바티칸 공의회 이후다. 나는 그런 가톨릭 신자들 가운데 한 사람이다. 나는 두 교회에서 다 살았고 두 교회에 대한 사랑을 계속 지니고 있다. 제2차 바티칸 공의회 이전의 교회는 내 젊은 시절의 교회, 내가 그리스도교로 향하던 여정의 교회였다. 그 여정은 예식들, 행렬들, 향, 많은 수녀들에 대한 아주 놀라운 기억들로 가득 찬 여정이었다. 아마 내가 그 여정을 아주 자랑스럽게 기억하는 것은 사실 그때는 삶이 더 단순한 것 같았기 때문이다. 그런데 나는 자라서 제2차 바티칸 공의회에서 부각된 교회에 대한 이해를 접하게 됐다. 내가 신학 공부를 하지 않았다면, 이 교회를 이전처럼 그렇게 따뜻하게 껴안을 수 있었을지 알 수 없다. 어쩌면 많은 가톨릭 신자들과 마찬가지로, 나 역시 "당신들이 내 교회에 무슨 짓을 한 거야?" 하고 의아해 했을 것이다. 하지만 정확히 내가 한 신학 작업으로 인해, 나는 이 두 번째 교회 모습을 환영했다. 내가 이 교회 모습을 사랑하는 이유는 교회에 대한 그리스도교 공동체의 가장 초기 표현, 곧 신약성서에서 우리가 발견하는 바로 그 모습이기 때문이다.

나는 뉴햄프셔에 있는 성 안셀모 대학에서 대학생들에게 신학을 가르친다. 그리고 21세기 교회를 준비하도록 도와주는 기회를 한껏 누린다. 하지만 제2차 바티칸 공의회가 무엇인지, 또 왜 우리가 이 사건에 대해 그렇게 야단법석을 떠는지 정확하게 제시한다는 것은 벅찬 과제다. 어쨌든, 내 학생들은 공의회 이후의 교회를 물려받았다. 그들은 교회의 다른 모습을 전혀 모른다. 하지만 그들이 그 "전체 이야기"를 알 필요가 있다고, 말하자면 가톨릭 공동체의 삶에서 이 놀랍고도 은총 충만한 순간을 이해할 필요가 있다고 나는 여전히 확신한다. 참으로 성령으로 가득 찬 뭔가가 교회의 삶에서 일어났다. 우리는 은총에 감화됐다. 제2차 바티칸 공의회의 가르침에서 떠오르는 것은 인간의 얼굴을 한 교회, 모든 것이 선물임을 알면서 자기 하느님 앞에 겸허하게 서 있는 교회다. 나는 내 학생들이 어떻게 그 일이 일어났는지 알기를 바란다.

계속 하기에 앞서, 어쩌면 특징적 언급이 필요하다. 교회는 하느님 백성이다. 하느님에 의해서 설립되고, 하느님의 인도를 받지만 지난 2000년 동안 연약하고 상처투성이인 인간들 손에 있다. 사람들이 있는 곳에는 또한 오류의 가능성, 죄의 가능성, 악의 가능성이 있다. 또한 위대하게 될 가능성도 있다. 우리 각자가 하느님을 모시고 있기 때문이다. 요점은 이러하다. 교회는 완전하지 않다는 것이다. 완전함은 오직 하느님께만 해당하는 속성이다. 그래서 나는 제2차 바티칸 공의회에 대한 내 열정에, 독자들이 잘못된 인상을 받기를 원치 않는다. 제2차 바티칸 공의회 이전의 모든 것이 다 나쁘지는 않았다. 이 점을 입증하는 많은 성인들과 학자들과 증인들이 있다. 또 공의회 이후의 온갖 발전이 다 하느님 백성을 더 좋게 하기 위한 것은 아니었다. 하지만 제2차 바티칸 공의회는 우리 가운데 계시는 성령의 일이었다고 나는 확신한다. 그리고 나는 이 신념에 대한 적법한 논증을 이 책에서 해나가기를 희망한다. 나는 1962년으로 이어지는 "신학의 세기라는 울퉁불퉁한 그 길"을, 말하자면 성령의 렌즈를 통해 살펴보고 싶다. 성령의 손자국이 아주 분명하게 드러나기 때문이다. 최근, 공의회에 참석했던 한 주교가 제2차 바티칸 공의회에서 가장 중요한 인물이 누구였다고 생각하느냐는 질문을 받았다. 그 주교는 대다수 사람들은 아마도 요한 23세나 또는 바오로 6세였다고 말하겠지만, 자신의 생각에는 성령이었다고 대답했다. 성령의 현존을 거의 감지할 수 있었다는 것이다.[2]

이 책에서 우리는 가톨릭 사상, 특히 교회론(교회에 대한 연구) 분야에 있어서 이뤄진 몇 가지 신학적 발전 유형을 검토할 것이다. 교계적 교회 모델에서 친교 모델로의 전환, 가톨릭 신앙 밖에 있는 이들을 미심쩍어 하는 교회에서 그리스도인 일치의 길을 탐구하고자 열망하는 교회로의 전환, 바깥 세상에 대한 교회 관점의 전환 곧 세상을 그 자체에 소외되고 구원이 지극히 필요한 실체로 보는 교회에서 세상을 대화 파트너로 보며 그 세상에서 작용하는 강생의 신비를 인식하는 교회로의 전환, 자신은 하느님 나라의 수단에 불과하며 따라서 언제나 쇄신과 개혁을 필요로 한다는 사실로 인해 겸허해진 교회라는, 교회의 자기 이해에 있어서의 전환이 그것들이다. 다행하게, 제2차 바티칸 공의회 이전의 교회와 제2차 바티칸 공의회 이후의 교회라는 두 교회에서 다 살아왔고 그래서

---

2) Bishop Frank Markus Fernabdo, "Interviews", *in Voices from the Council*, eds. Michael R. Prendergast and M. D. Ridge(Portland, Or: Pastoral Press, 2004), 19.

그 차이를 볼 수 있는 이들에게는 이러한 것들이 정말 큰 발전이었다. 16세기 트리엔트 공의회 이후 일관성을 지닌다고, 심지어 입장이 변하지 않는다고 자부심을 가졌던 교회에 어떻게 그와 같은 엄청난 변화가 일어날 수 있었나?

이 책 제목이 그 질문에 대한 답변과 관련해 힌트를 준다. 이 책 전체에서 제시하는 핵심은 이것이다. 제2차 바티칸 공의회 이전에는 신학을 하는 접근 방법이 일차적으로 획일적monolithic이었다. 내가 일차적이라고 말하는 것은, "새로운 열쇠"로 신학을 시도하던 예언자들이 있었기 때문이다. 그리고 나는 이를 보여 주고자 한다. 공의회에서 그리고 1965년 이후에 결실을 맺은 그 예언자들의 노력은 신학 방법의 큰 변화를 반영한다. 모든 학문은 저마다 목표를 달성하는 나름의 방법이 있다. 예컨대, 과학에서 사용하는 방법론은 (과학에서 이루어지는 거대한 작업을 너무 단순화한다는 위험 부담이 있지만) 3단계로 이뤄진다. 가설과 실험 그리고 마지막으로 판단이다. 과학자들은 "만약에 무엇이라면?"이라는 질문으로 시작한다. 그 다음에 그들의 가설을 입증하는 일에 착수한다. 신학은 아주 다른 방법론을 사용해야 한다. 다른 학문 분야들은 진리를 찾아 나서지만 신학은 진리로써 곧 하느님이 예수 그리스도의 인격 안에서 우리에게서 주신 계시로써 작업을 시작한다. 그리고 공의회 이전에 신학을 하는 과정에서 우리를 인도한 것은 성서를 읽는 방식이었다. 그런데 성서를 읽는 바로 그 방식에서 주목할 만한 발전이 제2차 바티칸 공의회 이전에 이루어지기 시작하고 있었다. 미래의 신학 방식에 궁극적으로 영향을 미칠 새로운 신학 패러다임을 위한 길을 닦게 될 그러한 발전이었다. 제1장은 이러한 패러다임 전환들을 깊이 있게 살펴본다. 하지만 하느님 말씀을 읽고 해석하고 이해하는 방법을 바꾼 한 가지 신학적 발전을 먼저 검토해야 한다. 신학자들은 이를 "역사 비평적 방법"이라고 말한다.

이 방법은 "기록된 본문들을 그 원래 자리에서 이해하기 위해 19세기에 개발된 학문 기법"[3] 이다. 이 방법은 보통 성서를 해석하고 이해하기 위한 성서학자들의 노력과 결부돼 있다.

> 본문에 쓰인 언어, 저자의 문화와 시대, 그리고 본문이 원래 쓰였을 때 대상으로 한 사람들의 종교적 관심사를 이제는 고려하게 됐다. (이 요소들을 고려하는 성서 연구 방법들을 "비평적" 접근이라고 부른다. "비판하기"라는 부정적 의미에서가 아니라 "신중하게 살피기"라는 의미에서다.)[4]

성서 비평에는 세 가지 기본적 접근법이 사용된다. ① 문학 비평. 성서 낱권의 저자와 관련된 물음들과 그 책이 어떻게 기록됐는지를 살핀다. ② 양식 비평. 찬가, 기적 이야기, 우화 같은 성서의 다양한 문학 유형이나 양식을 결정하고자 한다. ③ 편집 비평. 성서 저자의 신학적 관점을

---

3) John E. Benson, "The History of the Historical Critical Method in the Church: A Survey", *Dialog* 12(1973), 94-103, at 95.
4) Dianne Bergant, CSA, "Sacred Scripture: Light for Our Path", *Vatican II Today*(June 2004).http://www.AmericanCatholic.org/Newsletter/VAT/aq0604.asp에서도 볼 수 있다.

밝혀내고자 한다. 이는 마르코·마태오·루카·요한 복음서들에서 분명히 볼 수 있다. 각 복음서는 저마다 특정한 신학적 관점에서 예수 이야기를 말해준다.

가톨릭 신자들이 역사 비평적 방법을 사용하게 된 것은 비교적 최근에 와서다. 제2차 바티칸 공의회 이전에, 성서는 대다수 가톨릭 신자들의 삶에서 제한된 역할을 했다. 대부분의 경우, 성서 읽기는 개신교 신심으로 여겨졌다.[5] 이런 생각은 마르틴 루터와 16세기 프로테스탄트 개혁으로 거슬러 올라간다. 하지만 오늘날에는 성서 공부 강좌를 개설하지 않은 가톨릭 대학교를 찾기 어려울 정도다. 그리고 학생들은 그런 강좌들이 실제로는 제2차 바티칸 공의회 이후의 발전이라는 말을 듣고는 아주 놀란다.

과연 가톨릭 성서학계에서 역사 비평적 방법을 사용한 것은 최근이다. 좀 더 비평적인 성서 읽기의 문은 교황 비오 12세가 1940년 9월 30일에 공식적으로 열었다. 회칙 「성령의 영감Divino Afflante Spiritu」을 발표했을 때였다. 이 회칙은 성서 읽기에 대해 당시에 만연하던 근본주의적이고 지나치게 영적인 접근 대신 더욱 과학적인 접근에 호의를 보였다. 비오 12세는 이렇게 썼다.

> 해석가는 정신적으로 근동의 저 오랜 세월로 온전히 돌아가서 역

---
[5] Bergant, "Sacred Scripture", 1.

사와 고고학과 인종학과 그 외 다른 학문들에 힘입어 고대의 저자들이 그 당시 실제로 사용했으리라고 생각되는 표현 양식을 규명해야 한다.[6]

이는 성서 연구와 해석에 획기적 순간이었다. 고대의 원언어로 성서를 연구하라는 교황의 격려와 성서의 진리들이 상이한 문학 양식들로 나타났다는 깨달음은 당시 성서신학자들을 엄청나게 자유롭게 해주었다. 가톨릭 성서학자들은 역사 비평적 접근의 전문가들이 됐다. 성서 비평의 수단들을 갖춘 이 신학자들은 "본문이 그 역사적 맥락에서 무엇을 의미하는지를 가능한 정확하게 결정하려고"[7] 했다.

성서 해석에만 아니라 하느님 말씀에 대한 새로운 이해로 영향을 받는 무수한 신학 영역들에도 이 발전의 의미심장함은 아무리 크게 평가해도 지나치지 않는다. 한 가지 보기로 코린토 1서의 한 본문을 살펴보자. 7장 25절과 32절에서 성 바오로는, 동정으로 지내는 것이 더 좋은지 혼인하는 것이 더 좋은지에 대해 코린토 공동체가 제기한 질문에 명백하게 응답하고 있다. 성 바오로는 이렇게 답변한다.

> 미혼자들에 관해서는 내가 주님의 명령을 받은 바가 없습니다. …

---

6) 비오 12세 회칙, 「성령의 영감」, 한국천주교중앙협의회(전자책), 35항.
7) Brendan Byrne, SJ, "Scripture and Vatican II: A Very Incomplete Journey", *Compass* 38(Winter 2003). http://www.compassreview.org/winter03/2.html에서도 볼 수 있다.

현재의 재난 때문에 지금 그대로 있는 것이 사람에게 좋다고 나는 생각합니다. … 나는 여러분이 걱정 없이 살기를 바랍니다. 혼인하지 않은 남자는 어떻게 하면 주님을 기쁘게 해드릴 수 있을까 하고 주님의 일을 걱정합니다. 그러나 혼인한 남자는 어떻게 하면 아내를 기쁘게 할 수 있을까 하고 세상일을 걱정합니다. 그래서 그는 마음이 갈라집니다.[8]

우리가 알고 있듯이, 역사 비평적 방법을 수용하기 이전에, 가톨릭 교회는 성서를 종종 역사적 통찰 없이 읽었다. 그래서 바오로의 말을 가지고 독신 생활이 혼인 생활보다 우월하다고 가르쳤다. 이제, 역사 비평적 방법의 눈으로 바오로의 답변을 다시 읽어 보자. 바오로는 이렇게 말한다. "현재의 재난 때문에…." 성서 비평의 새로운 방법을 사용하여, 학자들은 이 본문이 원래 맥락에서 무엇을 의미했는지를 이해하게 됐다. "현재의 재난"에 관해 말할 때, 바오로는 당시에 고수하던 통상적 신념을 언급하고 있는 것이다. 그것은 세상 **마지막 날(파루지아)**이 임박했으며, 부활하신 그리스도께서 그들 생전에 돌아오시리라는 신념이었다. 그래서 코린토 1서 7장 25절과 32절은 그 자체가 독신의 우위성에 대한 가르침이 아니라 바오로의 아주 실제적 가르침의 한 단편이다. 만일 주님께서 곧 돌아오신다면, 그때에는 동정으로 지내면서 주님의 일에 관심을 쏟고

---

8) 1코린 7,25.32.

재림 준비에 집중하는 것이 이해가 된다. 가톨릭 성서학계의 새로운 시대가 도래한 것이다.

역사 비평적 방법의 사용은 성서 연구 분야뿐 아니라 신학 전반에 엄청난 충격을 미치게 됐다. 역사를 신학 과정에 포함시키는 것의 정당성이 일단 받아들여지기 시작하자, 그로 인해 풍성해졌고 자유로워졌다. 교회가 역사의 영향을 받는다는 것을, 신학적 진리의 모든 표현들은 그것들이 표현되는 그 시기에 의해 제약을 받는다는 것을 인정하게 된 것이다. 여러 세기 동안, 공식 가톨릭은 정적인 세계관을 특징으로 했고, 세상을 역사적이고 역동적인 방식으로 이해하기를 거부했으며, 종교 사상의 참다운 발전에 대한 일말의 가능성도 부인했다. 16세기 트리엔트 공의회 이후, **개혁**이라는 단어조차도 금기시됐다.[9]

하지만 하느님의 영을 제한할 수는 없다. 그리고 제2차 바티칸 공의회의 교부들은 이 점을 이해한 듯했다. 그들은 공의회가 시작하기도 전 시기에 드러난 비상한 신학적 발전을 반영하는 16편의 문헌을 만들어냈다. 실로, 공의회 문헌들은 진공 상태에서 생겨난 것이 아니었다. 대체로, 그것들은 신학 방법에 있어서 "코페르니쿠스적 전환"의 결과였다. 역사 비평적 방법의 출현에 더해, 신학 분야에서 세 가지 주요한 패러다임 전환이 일어났다. "신학을 바꾸어" 제2차 바티칸 공의회에 이르는 길을 닦은 전환이었다. 이 전환이 제1장의 주제다. 그리고 나머지 장들에서는, 이렇

---

9) Leonard Swidler, *Toward a Catholic Constitution*(New York: Crossroad Publishing Company, 1966), 4, 5.

게 변화하는 신학이 세상에 대한, 평신도에 대한 그리고 교회의 자기 이해에 대한 교회의 태도에 어떻게 반영됐고 또 되는지를 살펴볼 것이다.

여기서 한 가지는 언급해야겠다. 현대 신학은 남녀를 포괄하는 용어의 사용 필요성을 아주 많이 의식한다. 하지만 이는 최근의 진전이다. 독자는 1960년대에 쓰인 문헌들에서 이런 포괄 용어를 찾지 못할 것이다. 또 포괄 용어의 사용 필요성을 의식하기 이전 시대의 신학자들 저작에서는 그런 용어를 찾을 수 없을 것이다.

이 책 곳곳에서, 좀 주목할 만한 사람들을 소개할 것이다. 우리는 몇몇 위대한 사람들을 만나게 될 것이다. 요한 아담 묄러(Johann Adam Möhler, 1796~1838), 존 헨리 뉴먼(John Henry Newman, 1801~90), 로마노 과르디니(Romano Guardini, 1885~1968), 마리-도미니크 세뉘(M.-D. Chenu, OP, 1895~1990), 카를 라너(Karl Rahner, SJ, 1904~1984), 이브 콩가르(Yves Congar, OP, 1904~95), 앙리 드 뤼박(Henri de Lubac, SJ, 1925~74) 및 그 밖의 사람이다. 이 이름들이 지금은 크게 와 닿지 않을지 모른다. 하지만 이 책에서 내가 성공한다면, 여러분은 그들을 아주 잘 알게 될 것이다. 여러분도 나처럼 그들을 제2차 바티칸 공의회의 선구자로, 제2차 바티칸 공의회 신학의 건축가로 보게 될 것이다. 또 그들이 종종 어려움을 당하면서 이룩한 그 업적으로 인해 여러분이 또한 그들을 존경하게 되기를 바란다. 많은 이들이 당시 그들의 교회로부터 의혹을 샀고, 징계를 받았다. 그들은 우리 가운데 있던 예언자들이었다. 하지만 구약의 예언자들이 그랬듯이 언제나 잘 대우받지는 않았다.

나의 호기심을 돋운 것은 그들의 이야기다. 그들은 누구였나? 그들의 핵심적 신학 사상은 무엇이었나? 그들은 어떻게 신학을 "바꾸었나?" 어떻게 그들의 착상이 제2차 바티칸 공의회에 이르는 길을 닦았으며 마침내 제2차 바티칸 공의회의 문헌들에서 본향을 찾았나? 현대 신학자들은 그들에게서 무엇을 배울 수 있나?

이 위대한 신학자들에게는 뭔가 공통적인 게 있다. 그것은 케네스 언테너Kenneth Untener 주교의 강론 초안에서 발췌한 다음 구절에서 아주 잘 드러난다.

우리가 평생에 걸쳐 성취하는 것은 하느님의 일인 그 엄청난 사업의 미세한 파편일 뿐이다.
우리가 하는 것에는 완전한 것이 하나도 없다.
어떤 진술도 말할 수 있는 것을 다 말하지 못한다.
우리는 언젠가 자랄 씨앗을 심는다.
우리는 더 발전해야 할 토대를 놓는다.
우리는 최종 결과를 결코 보지 못한다. 하지만 그것이 건물을 짓는 주인과 일꾼의 차이다.
우리는 일꾼이지 건물을 짓는 주인이 아니다.
우리는 교역자이지 메시아가 아니다.
우리는 우리 시대가 아니라 미래의 예언자들이다.

이 기도가 모든 신학자의 일 중심에 있어야 한다. 우리의 연구 목표는 하느님의 신비다. 그리고 그 사실은 우리를 계속 겸손하게 한다.

1. 신학의 전환

신학 패러다임의 전환

하느님과 인간의 관계를 연구하여 다른 이들에게 그 의미를 분명히 제시하는 신학자의 과제는 꽤 단순한 것처럼 보이곤 한다. 진실을 말하자면 그렇게 단순하지가 않다. 좋은 신학은 건전한 방법론을 필요로 한다. 그리고 신학이 세월을 거치면서 어떻게 발전해왔는지를 연구하면 두 가지가 드러난다. 첫째는 신학 과정을 위한 방법론이 중요하다는 것이고, 둘째는 사용된 방법론에서 많은 변화가 이뤄졌다는 것이다.

신학 방법은 일정한 철학적 전제들로 시작한다. 제2차 바티칸 공의회 이전 세기에는 이런 전제들을 주로 중세 스콜라철학에서 이끌어냈다. "신스콜라학neoscholasticism"으로 알려진 이 접근법에 대한 19세기 주창자들은 공통되는 일정한 신념들을 고수했다. 한 가지를 들자면, 그들은 역사 비평적 방법에 대해 전반적으로 무지했다. 그들은 또한 근대 과학의 결론들을 기본적으로 경멸했다. 하지만 이런 신학자들과 나란히, 신스콜라학이나 성서 근본주의로부터 벗어나고 있던 이들도 있었다. 이 새로운 신학자들은 신학을 하는 방식에 엄청난 변화를 가져다 준 세 가지 패러다임 전환에 큰 영향을 받았다. 신학 과정은 의미심장한 전환을 겪고 있었다. 그런데 전환들은 좀처럼 쉽지 않다. 큰 걱정과 망설임을 낳을 수 있다. 교회의 불변성에 대해, 교회 가르침의 변하지 않는 본성에 대해 자부심을 갖고 있던 교회에는 특히 그러하다. 이 전환은 신앙의 핵심이나 교회에 대한 충실성을 희생시키지 않으면서도 이전의 사유 방식들로부터 결별하는 것을 포함했다.[10]

이 분야의 연구가 이뤄지면서, 한 가지 점이 분명해지기 시작한다.

교회 안에 혁명적 변화들을 불러일으킨 것은 제2차 바티칸 공의회가 아니었다. 인간 실존과 그리스도인 실존에 대한 전혀 새로운 접근이 제2차 바티칸 공의회를 낳게 한 것이다. 교황들, 주교들, 신학자들은, 세상 안에서 하느님의 섭리적 현존에 참여하는 인간의 전인적 체험 안에서 틀림없이 발견되는 한 움직이는 세력의 도구에 불과했다.[11]

연이은 사건들을 달리 어떻게 설명해야 할까? 강력한 교황권을 행사한 교황 비오 12세에 이어 안젤로 론칼리Angelo Roncalli가 선출된 것을 달리

---

10) Reynold Borzaga, *In Pursuit of Religion: A Framework for Understanding Today's Theology*(Palm Spirings, FL: Sunday Publications, 1977), 19.
11) Borzaga, *In Pursuit of Religion*, 21.

어떻게 설명해야 할까? 누가 비오 12세를 승계할 것인지를 두고 추기경들이 일치하는 데 어려움이 있었다고, 또 추기경들은 론칼리가 좋은 "과도기" 교황이 될 것이라고 생각하면서 그와 함께 하기로 결정했다는 말이 들려왔다. 성령께서는 론칼리를 위해 다른 계획을 갖고 계신 것 같았다. 론칼리는 교황직에 오른 지 불과 3개월 만에 일치 공의회 소집을 발표한 것이다.

분명히, 신학계에서는 뭔가 아주 의미심장한 일이 일어나고 있었다. 우리는 제2차 바티칸 공의회로 이어지던 그 시기에 일어난 세 가지 주요한 전환, 신학 활동에 극히 중요한 영향을 미친 세 가지 패러다임의 전환을 지적할 수 있다. **첫째로**, 신학자들은 고전주의적 세계관에서 역사적으로 의식하는 세계관으로의 전환에 관해 이야기한다. **세계관**이란 우리가 실재를 인식하는 방식이다. 전통적인 고전주의적 세계관은 과거의 진리가 미래의 모든 시대와 문화에도 확실하고 변할 수 없다고 여겼다. 역사적으로 의식하는 세계관은 신학적 진리의 표현은 전부가 다 역사적 조건에 제약을 받는다고, 그 진리가 표현되는 그 시대의 산물이라고 여긴다. 이것은 신앙의 기본 진리들이 변한다는 것을 의미하지 않는다. 오히려 신앙인들은 그 진리들에 대한, 그리고 그 진리들이 그 시대의 조건들을 어떻게 비추고 또 그 조건들에 어떻게 비추임을 받는지에 대한 더욱 깊은 통찰에 이르게 된다. 요한 23세는 공의회 개막 연설에서 이런 입장을 지지해, 오래된 신앙의 유산 자체와 그 신앙이 각 세대에 표현되는 방식을 구별했다.[12] 이 말이 암시하는 바는 새로운 매 시대마다 새로운 자료들과 새로운 질문들과 새로운 과제들을 내놓고 있어서 신학자들이 그들 안에 있는 그 희망의 근거들을 제시하고자 할 때에 이를 반드시 고려해야 한다는 것이다.

둘째 전환은 방법론 분야에서 있었다. 공의회 이전 시대에는 기본적 방법론을 "연역적"이라고 불렀다. 신학의 기본 과제는 언제나 하느님과 인간의 관계를 연구하는 것이었다. 그리고 연역적 접근 방법에 있어서, 신학자들은 신적 파트너와 함께 연구를 시작했다. 나는 여기서 아주 단순화하고 있는 것이다. 그런데 신학자들은 하느님에 대한 그들의 "그림"을 성서에서 채택했다. 그리고 나서 성서에서 "그러므로 하늘의 너희 아버지께서 완전하신 것처럼 너희도 완전한 사람이 되어야 한다."[13]는 것과 같은 구절들을 발견했다. 그 이후로, 우리는 성서를 비역사적으로 읽었고, 이런 방법을 채택한 신학이 탐구해야 할 일은 인간이 어떻게 행동해야 하는지에 관한 것이었다. 이렇게 신이 아닌 존재들에게 신적 행위를 기대하는 것은 (제2차 바티칸 공의회 이전에는 이런 생각이 아주 지배적이었음), 그 기대를 채우는 것이 불가능함을 깨닫게 된 가톨릭 신자들에게 많은 좌절과 죄의식을 불러일으켰다. 이 접근 방법은 신학 과정에서 인간 조건을 진리의 진정한 원천으로 고려하지 않았다. 그렇지만 복음이 사람들의 마음과 영혼에 뿌리 내리도록 하려면, 인간이 필요로 하는 것들과 바라는 것들을 이해해야 한다는 것을 신학자들은 깨달아 가

---

12) 1962년 10월 11일 교황 요한 23세의 "제2차 바티칸 공의회 개막 연설"
13) 마태 5,48

고 있었다.

공의회 교부들은, 교회가 하느님 백성과 대화하려 한다면 그 백성이 사는 세상을 진지하게 받아들여야 한다는 것도 깨달았다. 공의회 교부들의 이런 깨달음은 다소 배타적인 연역적 방법론으로부터의 전환에서 기인한다. 그것은 진리의 원천인 인간에 초점을 맞추는 귀납적 방법론을 신학 과정에 고려하는 것이다. 19세기에 존 헨리 뉴먼은

> [그 세기의] 귀납적 경향을 그리스도교 신학에 도입하는 과제에 열중했다. 그를 [당대에] 그토록 두드러지게 하는 것은 "실제" 혹은 "전체" 인간에 대한 그의 관심이다. 그에게… 신학은 인간을 구원하시는 하느님을 추상적으로 정의하는 것이라기보다는 구원된 인간의 의미를 탐구하는 것이다.[14]

이 방법론에서는 모든 강점과 한계를 지닌 인간 조건이라는 현실이 신학을 하는 데에 한 가지 요인이 된다. 아마도 공의회 문헌들에서 귀납적 방법론의 가장 좋은 보기는 「기쁨과 희망」에서 발견할 수 있다. 「기쁨과 희망」의 첫 대목은 이러하다.

> 기쁨과 희망, 슬픔과 고뇌, 현대인들 특히 가난하고 고통 받는

---

14) Borzaga, *In Pursuit of Religion*, 63.

모든 사람의 그것은 바로 그리스도 제자들의 기쁨과 희망이며 슬픔과 고뇌이다. 참으로 인간적인 것은 무엇이든 신자들의 심금을 울리지 않는 것이 없다. … 따라서 공의회는 인간의 세계를 곧 인류 가족 전체와 인간이 살아가는 온갖 현실을 직시하고 있다.[15]

제2차 바티칸 공의회 이전에 교회에 입문한 이들에게는 이 첫 줄이 놀랍게 보인다. 「기쁨과 희망」은 분명히 제2차 바티칸 공의회 이전의 연역적 방법론에서 벗어나 있다. 연역적 방법론이라면 아마 교회에 관한 추상적 진술로 시작했을 것이다. 하지만 여기서 우리는 귀납적 방법론의 완벽한 보기를 발견한다. 귀납적 방법론에서는 신학 작업을 할 때, 인간 조건을 아주 진지하게 받아들여 구체적이고 실제적인 남녀 인간들의 세계에서 시작한다. 이런 방식으로만 복음이 진짜 의미를 지닐 수 있으며, 그럴 때만이 복음 메시지가 뿌리를 내릴 수 있다. 달리 어떻게 신앙이 참으로 인간을 감화시킬 수 있는가?

여기서 주목해야 할 것은 (오늘날에도 마찬가지지만) 그 당시 교회에는 이런 전환을 달가워하지 않은 이들이 있었다는 것이다. 그들은 인간 조건, 인간 체험으로 시작하는 것은 아무래도 일종의 상대주의를 위한 길을 준비하거나, 혹은 진리가 문화와 사회의 변화와 함께 변하며 개인에 따

---

15) 현대 세계의 교회에 관한 사목헌장 「기쁨과 희망」, 『제2차 바티칸 공의회 문헌』(한국천주교중앙협의회, 2002), 1-2항.

라 다양하다는 견해를 예비하는 것이라고 생각했다. '당신에게는 당신의 진리가 있고 내게는 내 진리가 있다'는 식으로. 사실, 귀납적 접근 방법이 제대로 사용되지 않으면 그럴 가능성이 있다. 하지만 귀납적 방법론의 주창자들은 상대주의를 막을 방책이 있다고 믿었다. 그 방책은 복음 자체였다. 귀납적 방법론에서 나오는 신학은 인간 체험을 진지하게 받아들이며 그것을 참다운 진리의 원천으로 평가한다. 귀납적 신학자들은 인간 정신을 분석해 인간 정신의 초월적 능력을 발견한다. 우리는 경험 세계를 넘어서 "다른 세계"에 관해 질문을 제기할 수 있는 유일한 종(種, species)이다. 귀납적 신학자들은 인간에 대한 연구에서 하느님에 관한 질문들이 "자연적으로" 제기된다는 것을 발견했다.

신학 방법에 의미심장한 영향을 미친 **셋째** 전환은 신앙을 가르치는 방식에서 왔다. 이를 신앙을 가르치는 데에 있어서 "호교론적apologetic" 접근에서 "토대적" 접근으로의 전환이라고 말할 수 있을 것이다. 신학 분야에서 apology란 단어는 "미안하다"를 의미하지 않는다(호교론을 뜻하는 영어 apology는 사죄, 사과, 변명 등의 뜻도 지닌다-옮긴이). 그보다는 가르친 방식을 나타낸다. 가장 초기 (2세기와 3세기) 신학자들은 자주 "호교론자"로 불리곤 했다. 그들은 많은 이단들이 발생하고 적대적인 "외부인들"이 그리스도인들을 박해하던 때에 신앙의 옹호자들이었다. 호교론자들의 과제는 신앙을 설명하는 것보다 신앙을 진술하는 것이었다. 그래서 신앙을 가르치기 위한 호교론적 접근 방식은 신앙의 진리들이 무엇을 의미하는지에 대한 설명은 종종 소홀히 한 채 그 진리들을 진술하고 옹호하는 데 초점을 맞추는 방식이다.

제2차 바티칸 공의회 이전에 종교 교육을 받은 사람이라면 누구나 「볼티모어 교리문답Baltimore Catechism」에 나오는 호교론적 접근 방식을 경험했을 것이다. 좋은 점이 많은 이 교리문답은 신앙의 진리들이 무엇인지를 말하는 데 더 역점을 두며 그 진리들이 우리 일상생활에서 무엇을 의미하는지에 대해서는 덜 관심을 둔다. 그리고 우리가 1950년대에 알고 있던 세계를 고려한다면, 그 방식은 대단히 잘 작용했다. 우리는 부모님들을, 경찰관들을, 혹은 - 그럴 리는 없겠지만 - 우리의 종교 지도자들을 문제시하지 않았다. 우리는 그냥 그 진리들을 주어지는 대로 받아들였다. 하지만 1960년대에는 새로운 사유 방식이 들어왔다. 1950년대에 작동했음직한 것 - 뭔가가 옳은 것은 권위 있는 인물이 그게 옳은 것이라고 말했기 때문이라는 식 - 이 더는 작동하지 않았다. 1960년대에는 "그것이 무슨 의미가 있는가?"를 묻는 세대가 생겨났다. 이제 신학자의 과제는 단순히 신앙의 진리들을 반복하는 것이 아니었다. 아니, 이제 신학자들의 과제는 신앙의 토대를 제공하는 것이었다. 그래서 신학자 모니카 헬위그Monica Hellwig는 이렇게 밝혔다.

과거 세대들의 모든 질문들이 여전히 어떤 형태로 우리에게 있다. 하지만 그 답변들은 절대적 확실성이나 흔들리지 않는 항구함이라는 과거와 똑같은 외양을 지니지 않을 것이다. 게다가 우리는 사려 깊고 투신하는 신앙인들이 갖는 의심들에

대비하고 있어야 한다. … 우리 노력에 합리성을 세우는 것이 필요하다.[16]

그래서 새로운 세대를 복음화하는 노력에 있어서 호교론적 접근 방법에서 토대적 접근 방법으로의 전환에 대해 언급하는 것이다. 때때로 이 개념을 가르치면서, 나는 호교론적 접근을 "내가 엄마야!" 라는 식 - 내가 옳다고 말했기 때문에 그것이 옳다는 식 - 으로 설명한다. 부모는 아이가 더 만족해하지 않는 지점에 이른다는 것을 안다. 아이는 이유를 알고 싶어 하기 때문이다. 그런데 그 일이 하느님 백성에게 일어난 것이다. 곧 그들은 이유를 알고 싶어 하는 지점에 다다른 것이다. 그리고 제2차 바티칸 공의회로 이어지던 그 시기에, 자신의 신학을 통해 신학에서의 이런 전환들이 주는 충격을 확실하게 보여준 신학자들을 우리는 많이 발견한다.

신학자의 과제

신학자가 된다는 것은 대단한 특전이다. 연구 대상이 하느님, 신적 신비이기 때문이다. 하지만 신학자의 과제에 관해 좀 잘못된 개념들이 있

---

16) Monica Hellwig, "Foundation for Theology", in *Faithful Witness*, eds. Leo J. O'Donovan and T. Howland Sanks(New York: Crossroad Publishing Company, 1989), 1-13, at 11.

다. 도미니코회원인 아이단 니콜스Aidan Nichols는 그런 잘못된 개념 세 가지를 지적했다. 그 세 가지는 "신학을 바꾸고" 제2차 바티칸 공의회에 이르는 길을 놓은 신학자들에 대한 우리 논의에 중요한 배경막 역할을 할 수 있기에 여기서 언급할 가치가 있다.

첫째, 신학의 "합리적 주장을 일축"하려는 이들이 있다. 그리스도교의 신비들은 유한한 인간 능력을 초월한다는 이유에서다. 왜 이 신비들을 이해하려고 애써 노력하는가? 이런 입장은 영성을 갖는 것은 가능하지만 신학은 아니라고…, 은총은 마음을 변화시킬 수 있지만 정신을 변화시킬 수는 없다고 주장하려 한다.

둘째로 잘못된 개념은 신학자의 과제가 성서와 교회에 관한 정보를 엄청나게 획득하는 데 있다고 주장하는 것이다. 이 관점에서는, 신학자들이 "전문적으로 기억해 내는 사람"이 된다.

셋째로 잘못된 개념은 신학자를 교도권의 공식 가르침을 단순히 되풀이하는 과제를 수행하는 이로 보는 것이다. 하지만 니콜스가 지적하듯이, 신학자들이 교회의 가르침을 옹호할 책임을 지긴 하지만, 신학은 훨씬 더 광범한 과제를 지닌다. 그 과제는 "신앙에 또 신앙에 관해 늘 새로운 질문들을 제기함으로써, 공유하는 이 신앙의 풍요로움을 탐구"하는 것이다. 니콜스는 그런 다음에 신학에 대해 아주 풍요로운 정의를 내린다. 신학은 "계시를 탐구하는 학문"[17]이다.

---

17) Aidan Nichols, OP, *The Shape of Catholic Theology*(Collegeville, MN: Liturgical Press, 1991), 12-35; 27, 29, 31에서 인용.

앞에서 주목했듯이, 신학은 다른 학문 분야들과 방식에서 크게 차이가 난다. 대다수 연구 분야들은 진리를 **발견**하고자 탐색한다. 신학은 진리, 곧 계시**로써** 시작한다. 우리는 하느님이 진리를 계시하셨다고 믿으며, 그래서 우리 과제는 하느님께서 우리에게 주신 그 진리, 곧 예수 그리스도의 인격 안에 계시된 하느님을 **이해**하기 위해 탐색하는 것이다. 그리고 이 탐색은 말하고 싶다고 해서 아무것이나 말할 자유가 없다는 점에서 제재를 받는다. 우리는 성서와 성전에 매여 있기 때문이다. 하지만 이 탐색 또한 탐구다. 신학은 모든 믿는 이들에게 분명한 뭔가를 단순히 선포하는 것이 아니다. 오히려 신학은 그리스도 이야기를 더 잘 이해하기 위해 그 이야기에 질문들을 던진다. 신학은 더 깊이 통찰하고자 탐색하며 새로운 매 세대를 위해 기쁜 소식을 명료하게 하고자 하며, 그리스도 이야기가 믿는 이들의 일상 삶 안에 뿌리내리는 길을 찾고자 한다.

신新 신학

과연, 제2차 바티칸 공의회 이전 세기에 신학 분야에서 아주 의미심장한 뭔가가 일어나고 있었다. 그 시기에, 아주 다른 방식으로 신학에 접근하고 있던 일부 학자들(주로 유럽인들)을 우리는 발견한다. 그들의 접근 방법을 **신 신학**nouvelle theologie이라고 불렀는데, 많은 이들은 이를 19세기 후반과 20세기 초반에 만연하던 신스콜라학에 대한 위협으로 여겼다.[18] 주목해야 할 것은 신스콜라학은 - 대체로 - 교회 안에서 공적으로 가르치는 이들, 교도권이 선호하는 접근이었다. 이렇게 위협으로 인식됐기에, 이 새 집단에 속하는 신학자들은 대다수가 바티칸의 검열을 받았다. 1950년에 비오 12세 교황은 회칙 「인류Humani Generis」를 발표, 신 신학을 배격하고는 가톨릭 학자들에게 스콜라학이 제시하는 정론orthodoxy으로 돌아올 것을 요구했다. 신 신학에 가담한 이들에게는 고통스러운 시기였다. 아주 흥미롭게도, "비오 12세 교황은 거의 모든 신 신학자들을 침묵시켰지만, 그들 모두는 결국 복권됐을 뿐 아니라 많은 신 신학자들은 제2차 바티칸 공의회 문헌들의 진짜 건축가가 되기에 이르렀다."[19] 신 신학 회원이라는 딱지가 붙은 이들 가운데는 이브 콩가르, 세뉘, 앙리 드 뤼박 같은 신학자들이 있었다. 그들에게는 신학적으로 선호하는 공통점들이 있었음을 우리는 발견한다. 역사 비평적 방법론에 대한 전폭적 신뢰, 스콜라학의 미몽에서 깨어남, 신학적 지도를 받기 위해 성서와 교부 시대로 돌아가려는 바람, 교회 일치 대화에 대한 개방성, 그리고 지속적 계시 개념에 대한 긍정 등이었다. 지속적 계시란 신앙의 기본 진리들은 변하거나 증가하지 않지만, 하느님은 (성서의 살아 있는 말씀과 예배와, 시대의 징표들과 그 밖의 다른 많은 방식으로) 우리에게 끊임없이 이야기하신다는 관념이다. 그래서 계시된 진리들에 대한 우리

---

18) Timothy McCarthy, *The Catholic Tradition: Before and after Vatican II 1878-1993*(Chicago: Loyola University Press, 1995), 56.
19) McCarthy, *The Catholic Tradition*, 57.

의 통찰과 이해는 시간이 흐르면서 발전한다는 것이다.

이제 이들 가운데 몇몇 신학자들과 그들의 사상을 좀 더 집중적으로 살펴보기로 하자. 이 신학자들은 제2차 바티칸 공의회의 가르침에 각인된 그들의 신학을 알아보는 뒷장들에서 다시 만나게 될 것이다.

신 신학자들

이브 콩가르(1904~95, 도미니코회)

이 신 신학자들은 숱한 신학 분야에 두드러진 기여를 했다. 이브 콩가르는 그들 가운데 가장 중요한 기여자에 속했다. 콩가르 자신이 쓴 저작들과 콩가르에 관해 쓴 다른 이들의 저작들 모두에서 한 가지가 아주 분명히 드러난다. 그는 교회를 사랑했으며 교회의 신비를 다른 이들에게 명료하게 전하는 데에 평생을 바친 것이다.

1962년 12월 제2차 바티칸 공의회 제1회기가 끝나고 나서, 콩가르는 이렇게 썼다.

> 그것[공의회]은 모든 비굴함과 자기본위의 음모로부터 자유로운 솔직함과 자유의 정신이다. 그것은 인류에게 봉사하며 권력이나 특전을 추구하지 않는다. 그것은 복음적이며 사도적이

다. 모든 사람에 대한 존경과 사랑의 정신이다. 그것은 다른 이들에게 열려 있으며 신학이나 성직에 점수를 매기려는 어떠한 제안도 일축했다. 끝으로, 그것은 사건들을 통해 말씀하시는 하느님께서 오늘날 당신 교회에 요청하고 계시는 것이 무엇인지를 듣고자 계속해서 늘 주의 깊게 깨어 있다.[20]

불과 3개월밖에 지나지 않은 공의회를 관찰하고 나서 보여준 콩가르의 열정에 독자는 충격을 받는다. 하지만 제2차 바티칸 공의회 이전 몇십 년 동안 그가 쓴 것들을 살펴보면 그의 열정을 이해하는 데 도움이 된다. 공의회에서 관찰한 것들은 정확히 그가 제안했던 것과 같은 유형의 발전이었기 때문이다. 조지프 코몬착이 진술했듯이, "전환점으로서의 공의회 특성을 이브 콩가르보다 더 완벽하게 구체화한 사람은 거의 없다."[21]

콩가르가 크게 기여한 한 가지는 "변화에 열려 있는, 역사적으로 역동적인 교회관을 강조한 것"[22] 이었다. 이런 교회관은 당연히 공의회 이전의 지배적인 교회관과 뚜렷이 대조됐다. 그 당시 많은 이들의 생각에, 변화 개념은 - 변화란 마치 실수를 의미하거나 하는 듯이 - 아주 부정적

---

20) Yves Congar, OP, *Report form Rome: First Session,* trans. A. Manson(London: Geoffrey Chapman Ltd., 1963), 92.
21) Joseph Komonchak, "Vatican II as Ecumenical Council: Yves Congar's Vision Realized", *Commonweal* 129: 20(November 22, 2002), 12. http://www.jknirp.com/congar4.htm에서도 볼 수 있다.
22) Dennis Doyle, "Different Schools of Reform Led to Vatican II", 1997년 10월 31일 Dayton University에서 한 연설.

으로 비쳤다. 반면에 콩가르는 변화를 아주 긍정적인 것으로 보았다. 신 신학을 하는 아주 많은 신학자들과 마찬가지로, 그는 교회를 - 하느님이 세우셨지만 사람들의 손에 있는 - 하나의 신비로 이해했다. 그리고 인간들이 성장하고 발전하듯이, "교회"라고 불리는 인간적 유기체 또한 변화하고 발전해야 하며 교회 가운데 계시는 하느님 영의 현존에 늘 주의 깊게 깨어 있어야 한다.

하지만 공의회 이전 시기에, 콩가르는 이런 교회관으로 끔찍한 대가를 치렀다. 콩가르는 「그리스도인 간의 대화Dialogue between Christians」라는 그의 책에서 이렇게 썼다. "1947년 초부터 1956년 말까지, 내가 그곳(바티칸)으로부터 안 것이라고는 끊임없는 탄핵과 경고, 제재 조치나 차별 대우 그리고 불신에 찬 간섭밖에 없었다."[23]

사람들은 이 "예언자"가 어떻게 이 시기에 계속해서 희망을 가질 수 있었는지 궁금해 한다. 한 논평가에 따르면, "그의 인내는… 하느님이 책임지시며 하느님은 당신의 은혜로운 계획을 우리를 통해 이루신다는 확신에 뿌리박고 있었다. 콩가르에게, 인내는 언제나 십자가와 연결돼 있었다. … 십자가는 온갖 거룩한 일을 위한 조건이다."[24]

콩가르가 가장 마음 쓰고 있던 교회 문제들을 알게 되면, 왜 로마가 그의 사상에 불편해 했는지를 이해할 수 있다. 공의회의 시작을 고대하면

---

23) James Bacik, *Contemporary Theologians*(Chicago: Thomas More Press, 1989), 48에서 인용. 원 출처는 Yves Congar's *Dialogue between Christians*(Westminster, MD: Newman Press, 1966), 34.
24) Robert Nugent, SDS, "Yves Congar: Apostle of Patience", *Australian EJournal of Theology*, no 4(February 2005). http://dlibrary.acu.edu.au/research/theology/ejournal/aejt_4/nugent.htm에서도 볼 수 있다.

서, 그는 공의회에서 거론됐으면 하는 세 가지 개념에 관해 썼다. 일치 관계에 있어서의 새로운 환경, (교황권에 일방적으로 초점을 맞추는 것과 반대로) 교회에 대한 더 많은 강조, 그리고 주교들의 단체적 권위와 교황 수위권이었다.[25]

그는 공의회 교부들이 이 관심사들을 진지하게 살펴보기를 바랐다. 그의 전 신학적 여정이 그것들과 결부돼 있었던 것이다. 하지만 역사가 보여주듯이, 교회 안에서 비판이 환영받은 적은 거의 없다. 비판에 대한 교회의 불쾌함을 보여주는 많은 사례를 들 수 있다. 그 한 가지는 1846년에 있었다. 안토니오 로스미니Antonio Rosmini라는 신학자가 「교회의 다섯 가지 상처The Five Wounds of the Church」란 제목의 책을 썼는데, 그 책에서 그는 19세기 교회를 괴롭힌 상처들에 대해 이야기했다. 그 책은 비오 9세 교황이 선출되기 직전에 출간됐는데, 즉시 금서 목록에 올랐다.[26] 콩가르와 그의 동료들은 이와 관련한 교회 역사를 너무 잘 알고 있었다. 분명히 "예언자는 어디에서나 존경받지만 고향과 집안에서만은 존경받지 못한다."[27]

하지만 콩가르는 레쑤르스망(ressourcement, 성서와 전승의 원천으로 돌아감) 운동에 투신했다. 이 운동은 회심과 개혁에 열려 있는 교회론을 발견해냈다. 제1차 바티칸 공의회(1869~70)의 교회론은 제도로서의 교회,

---

25) Bacik, *Contemporary Theologians*, 11-16.
26) Michael Fahey, SJ, "Church", in *Systematic Theology: Roman Catholic Perspectives*, Vol. II, eds. Francis Schüssler Fiorenza and John P. Galvin(Minneapolis: Fortress Press, 1991), 1-74, at 5.
27) 마태 13,57.

불변하고 고정된 실재로서의 교회를 강조했다.[28] 하지만 1870년을 전후로, 신학자들은 교회의 자기 이해를 다시 생각하는 작업을 하고 있었다. 그리고 그리스도의 몸이자 하느님 백성으로서의 교회에 초점을 맞춘 성서학자들의 작업에서 도움을 얻게 됐다.

M. -D. 세뉘(1895~1990, 도미니코회)

세뉘는 신 신학에서 중심축 역할을 한 또 다른 프랑스 출신 도미니코 회원이다. 신학에서 역사적 방법이 필요하다는 주장으로, 그의 저서 가운데 한 권이 1937년 금서 목록에 포함됐다. 그는 분명히 제2차 바티칸 공의회의 가장 중요한 선구자들에 속했다. 세뉘와 그의 프랑스 교회 동료들은 프랑스 가톨릭에 다시 활력을 불어넣어 주었고 그들의 노력은 제2차 바티칸 공의회에서 결실을 맺었다.

앞에서 연역적 방법론에서 귀납적 방법론으로의 전환에 관해 이야기 했다. 이와 관련, 세뉘는 참으로 선구자였다. 하느님이 나자렛 예수의 인격 안에서 인간 조건을 입음으로써 하느님의 능력과 현존이 피조물들 안에서 그리고 피조물들을 통해서 작용할 수 있다고 주장하는 강생 신학은 귀납적 방법에서 빼놓을 수 없는 부분인데, 세뉘의 신학에서 이를 분명하게 볼 수 있다. 제2차 바티칸 공의회 이전 교회의 불행한 면 가

---

28) Vatican Council I, *Dogmatic Constitution on the Church,* in Norman Ranner, SJ. ed., Decrees of the Ecumenical Councils, 2; Trent-Vatican II(Lanham, MD: Sheed & Ward, 1990), 811-16.

운데 하나는 교회가 자신이 살고 있는 세상으로부터 자신을 분리시켰다는 것이다. 세뉘의 강생 신학은 이런 생각이 오류임을 알았다.

세뉘는 참으로 신학의 개척자였다. 귀납적 접근 방식이 "유행"하기 오래 전에 그는 이렇게 주장했다.

> 교회의 삶은 신학자의 첫째 대상이다. … 신학을 한다는 것은 교회의 현재 삶에 그리고 그리스도교 세계의 현재 체험에 주어지는 계시를 잊지 않는다는 것이다. … 신학자는 그리스도교 세계를 계속 주시한다. 이것이 신학자가 자신의 시대를 생각하는 방식이다.[29]

1930년대에 쓰인 이 말의 의미는, 그 당시 교회의 많은 이들에게는 낯설고 혼란스러웠지만 시간이 흘러 제2차 바티칸 공의회의 현대 세계의 교회에 관한 헌장 「기쁨과 희망」에서 본향을 찾았다.

앙리 드 뤼박(1925~74, 예수회)

현대 신학자 조지프 코몬착은 제2차 바티칸 공의회로 이어지는 사건들에 대해 광범하게 글을 썼다. 20세기 중반의 신학과 문화에 관한 한

---

29) Joseph Komonchak, "Return from Exile: Catholic Theology in the 1930s," in *The Twentieth Century: A Theological Overview*, ed. Gregory Baum(Maryknoll, NY: Orbis Books, 1999), 35-48, at 40.

기사에서, 그는 특별히 "신 신학자" 가운데 한 사람에 관한 중요한 통찰을 제공한다. 그가 예수회 소속의 앙리 드 뤼박이다. 코몬착에 따르면, "신 신학"은 신학 활동을 스스로 택한 유배 생활에서 해제하려는 시도였다. 그리고 "'신 신학'의 전형으로 여길 한 작품이 있다면, 그것은 (앙리) 드 뤼박의 「초자연Surnaturel」이었다."[30]

자연과 은총의 관계는 언제나 신학적 담론의 중심에 있었다. 드 뤼박에 따르면, 자연은 초자연을 위해 만들어졌다. 우리는 자연을 은총과 구별할 수 있지만 "순전한" 자연이란 결코 존재하지 않았음을 늘 기억해야 한다. 하느님의 생명과 친교를 이루라는 은총의 요청과 그 은총의 자유로운 선물은 항상 있어 왔다. 간단히 말해서, 인간 정신이 지닌 역동성은 하느님을 상상하지 않고서는 충족되지 않는다.[31]

분명히, 드 뤼박을 비롯해 다른 레쑤르스망 사상가들의 중심 목표 가운데 하나는 가톨릭 신학과 현대 사상을 접맥시키는 것이었다. 드 뤼박은 당대의 다른 사상가들과 함께 레쑤르스망이 단지 과거의 형식과 관습으로 돌아감이 아니라, "교회를 탄생케 한 그 생명이 교회 자체의 고유하고 변경할 수 없는 본질을 위태롭게 하는 일이 없이 늘 더 활기차게 솟아올라야 한다"[32] 는 의미의 돌아감이라고 인식했다. 드 뤼박과 같은

---

30) Joseph Komonchak, "Theology and Culture at Mid-Century: The Example of Henri de Lubac", *Theological Studies* 51:4(December 1990), 579-610, at 580.
31) Komonchak, "Return from Exile", 44.
32) Paul-Emile Cardinal Leger, "Introduction", in *Theology of Renewal*, Vol. I, ed. L. K. Schook, CSB(Montreal: Palm Publishers, 1968), 19-33, at 20.

나라 사람인 이브 콩가르는 이렇게 동의했다. "심층의 원리들에는 충실해야 했다. 그래서 표면에 나타난 형식에는 충실하지 않아야 했다."³³⁾

드 뤼박의 탐구는 성서에 대한 정확한 주석과 초기 교회 교부들에 대한 진지한 연구에 토대를 두었다. 그는 또한 모든 종교의 근간이 되고 모든 인간 실존에 영향을 미치는 초자연에 접근함으로써 로마 가톨릭 신앙 밖의 이들에게도 개방성을 보였다.³⁴⁾

가톨릭 튀빙겐 학파

신학을 하는 방식, 곧 신학 방법이 이 책의 초점이다. 그리고 적당한 방법에 대한 탐구는 로마 가톨릭 신학에서 오랜 역사를 지니고 있다. 19세기 독일 가톨릭 튀빙겐 학파의 설립은 이와 관련, 아주 중요한 전환점을 나타낸다. 이 학파는 1817년 독일에서 설립됐다.

요한 세바스티안 폰 드라이(Johann Sebastian von Drey, 1777~1853)가 튀빙겐 학파의 설립자이고, 독일의 가장 영향력 있는 신학자들 가운데 많은 이들이 튀빙겐과 결부돼 있다. 폰 드라이는 "역사를 신학 방법의 구성 요소로 만든"³⁵⁾ 주역이었다. 튀빙겐 신학자들에게, "역사는 성령의 자기표현의 유기적 성장이자 성취다. 곧 역사는 모든 것을 포함하는 하나

---

33) Leger, "Introduction", 22. Yves Congar, *Vraie st Fausse Réforme dans l'Eglise*(Paris: Editions du Cerf, 1950), 179.
34) James M. Connolly, *The Voices of France*(New York: Macmillan Company, 1961), 82.

의 목적을, 시간 속에서 드러나는 하느님의 영원한 계획을 드러낸다."[36]
그러므로, 역사는 하느님 나라의 실현을 향해 움직인다. 그리고 이것은 교회의 신학을 위한 의미심장한 함의를 전달한다. 제2차 바티칸 공의회는 이 개념을 공의회의 중심 주제 가운데 하나로 삼았는데, 가장 주목할 것은 교회를 "순례하는 하느님 백성"이라고 지칭한 것이다. 순례자가 된다는 것은 목적지를 향하는 도상에 있게 된다는 것이다. 공의회는 이 개념을 사용함으로써 교회가 과거에 자신을 이해하던 방식에 도전했다.

요한 아담 묄러(1796~1838)

요한 아담 묄러는 튀빙겐의 가장 잘 알려진 대표자 가운데 한 명으로서, 20세기 가톨릭 신학 쇄신의 중추적 인물이 됐다. 묄러 신학의 두드러진 특징은 그리스도교 공동체 내 성령의 현존으로 시작한다는 것이다. (이 표현의 유의미성은 제4장에서 친교 교회론의 관념을 다룰 때에 아주 분명하게 드러날 것이다.) 묄러에게 "교회는 성령께서 주시는 사랑이라는 거룩하고 살아 있는 힘의 외적이고 가시적인 형태다."[37] 그와 같은 신념은 교회를 신비, 곧 인간적이며 동시에 신적이고, 제도적이며 동시에 신비

---
35) James C. Livingston, *Modern Christian Thought: From the Enlightenment to Vatican II*, Vol. I(New Jersey: Prentice-Hall, 1971), 188.
36) Livingston, *Modern Christian Thought*, 191.

적인 실체로 이해하려고 노력한 후대의 많은 신학자들에게 영감을 불어넣어 주었다. 과연, 묄러는 "가톨릭 개혁(Counter Reformation, 16세기 프로테스탄트 개혁에 맞서 가톨릭 내에서 이뤄진 개혁. 그 결과가 트리엔트 공의회(1545~1563)다 - 옮긴이 주)의 정적이고 율법적 관념들이 지니는 극단뿐 아니라 비가시적 교회라는 전반적으로 신비적이며 순전히 영적인 개념이 지니는 극단도 피하는 교회 개념을 현대 가톨릭에 물려주었다."[38]

요한 아담 묄러는 여러 가지 의미심장한 기여로, 후대 신학자들이 확립한 사상의 토대가 되는 관념들로 교회론 역사에서 기억된다. 여기서 세 가지를 주목해야 한다. 첫째, 초기의 성령 중심 교회관 - 19세기에는 전반적으로 잊힌 - 은 20세기에, 특히 이브 콩가르의 사상에 큰 영향을 미쳤다. 둘째, 묄러의 강생 중심 교회관은 이브 콩가르의 사상인 그리스도의 신비체라는 표상에서 회복됐다. 그 영향이 교황 비오 12세의 회칙 「신비체Mystici Corporis」(1943)에 보인다. 셋째이자 가장 중요한 것으로, 묄러는 그리스도론과 신학적 인간학을 섞음으로써 궁극적으로는 후대 신학자들이 교회를 인식하는 방식에 영향을 미쳤다.[39]

튀빙겐 학파와 결부된 신학자들은 또한 전통을 이해하는 방식에도 엄청나게 기여했다. 그들은 옛 신앙 유산을 소포 꾸러미처럼 한 세대에서 다음 세대로 전해지는, 진리들과 가르침들과 실천들의 고정된 모음으로

---

37) Livingston, *Modern Christian Thought*, 193
38) Livingston, *Modern Christian Thought*, 197.
39) Michael J. Himes, "The Development of Ecclesiology: Modernity to the Twentieth Century", in *Gift of the Church*, ed. Peter C. Phan(Collegeville, MN: Liturgical Press, 2000), 45-67, at 58.

이해하지 않았다. 오히려 그들은 신앙의 유산을 살아 있는 복음으로 보았다. 이것은 "전통을 **트라디타**tradita 곧 세대에서 세대로 전해지는 내용으로 여기는 데서 **트라디시오**traditio 곧 교회라는 살아 있는 실체의 일부인 능동적 전달로 여기는"[40] 극히 중요한 전환을 나타냈다.

1840년 이후, 튀빙겐 학파는 되살아난 신스콜라학과 충돌하고 있음을 깨달았다. 공식적인 로마 가톨릭 교회는 신스콜라학을 지지했다. 하지만 1940년대에 독일과 프랑스의 일부 신학자들의 노력으로 새로운 관심이 조성됐다. 튀빙겐 신학의 특징들 - 계시 신학, 교리 발전에 대한 이해, 그리고 교회 안에서 성령의 역할 - 에 대해서는 뒷장들에서 다시 언급할 것이다.

존 헨리 뉴먼(1801~90)

신학자 그레고리 바움Gregory Baum은 존 헨리 뉴먼에 관한 한 책의 서문에서,[41] 제2차 바티칸 공의회에서 서로 부딪쳤던 두 경향에 대해 능숙하게 설명한다. 그는 소수파 주교들을 "교조적"이라고 지칭한다. 이들은 교회를 정적인 방식으로 이해했다. 그러고는 다수파 주교들에 대해 언급하면서 그들을 "역사적"이라고 부른다. 이들은 교회를 하느님의 구속 계획의 구현으로 보기를 더 좋아했다. 이 후자 집단은 역동적 방식

---

40) Himes, "Development of Ecclesiology", 59.
41) Samuel D. Femiano, *Infallibility of the Laity: The Legacy of Newman*(New York: Herder & Herder, 1967).

으로 교회를 이해했고, 개혁과 적응을 찬성했다. 바움은 계속해서 뉴먼 시대에 이 두 성향이 교회 안에서 이미 불화를 빚었다고 말한다. 오늘날까지도 여전히 우리에게 있는 이 충돌을 "뉴먼은 19세기에 시연해서 교회 체제와 충돌했다."[42]

이 사실 자체만으로는 제2차 바티칸 공의회의 신학적 선구자 명단에 뉴먼을 포함시키는 것이 정당화되지 않는다. 더욱 실질적인 다른 이유들이 있다. 제2차 바티칸 공의회는 때때로 "존 헨리 뉴먼의 공의회"[43]로 지칭된다. 그리고 1975년의 한 교황 알현에서, 바오로 6세 교황은 제2차 바티칸 공의회를 "뉴먼의 시간"으로 여길 수 있다고 밝혔다.[44] 한 유력한 뉴먼 전문가는 비록 뉴먼이 제2차 바티칸 공의회 문헌들에 직접 영향을 미쳤다고 하기는 어려울지라도 "그 시대에 종종 개인적 대가를 치르면서까지 주장했던 뉴먼의 논쟁적 입장들을 제2차 바티칸 공의회가 지지하고 옹호한 것은 의심의 여지가 없다."[45]고 지적했다.

공평하게 말해서, 뉴먼이 제2차 바티칸 공의회와 연관된다는 데에 모든 신학자들이 다 동의하지는 않는다. 하지만 뉴먼과 그의 신학에 관한 모든 글을 고려할 때, 제2차 바티칸 공의회로 이어지는 신학자들의 긴 줄에 뉴먼을 포함시킬 수 있다는 것이 내 의견이다. 뉴먼의 핵심적 신학

---

42) Femiano, *Infallibility of the Laity*, xii.
43) Werner Becker, "Newman's Influence in Germany", in *The Rediscovery of Newman: An Oxford Symposium*, eds. John Coulson and A. M. Allchin(London: Sheed & Ward, 1967), 174-189, at 189.
44) Pope Paul VI, *L'Osservatore Romano*(Italian language ed.), April 7-8, 1975, 1.
45) Ian T. Ker, "Newman and the Postconciliar Church", in *Newman Today*, 1988 Proceedings of the Wethersfield Institute, Vol. 1, ed. Stanley L. Jaki(San Francisco: Ignatius Press, 1989), 121-41, at 121.

입장들을 조금 개관해 보면 독자들은 이 주장을 납득할 수 있을 것이다.

뉴먼은 영국 성공회 신도로서 신학을 시작했다. 하지만 1845년에 그는 가톨릭으로 개종했다. 뉴먼은 많은 신학적 쟁점들에 전념했다. 그 가운데는 "양심의 불가침해성, 평신도의 존엄, 그리고 신학 탐구의 자유"[46] 등이 있다. 제2차 바티칸 공의회에서 논의된 많은 신학적 쟁점들을 뉴먼은 그의 시대에 다뤘다. 교회 일치 문제, 교회와 세상의 관계, 교리 발전, 무류성 문제, 신앙과 계시가 그것들이다. 그리고 뉴먼의 가장 잘 알려진 에세이 「교리 문제에 신자들의 자문을 구함에 관해On Consulting the Faithful in Matters of Doctrine」는 제2차 바티칸 공의회를 앞당겨 보여준 것이라는 인정을 종종 받는다.[47] 제4장에서 보겠지만, 이에 관한 뉴먼의 사상들은 교회에 관한 교의 헌장 「인류의 빛」에서 본향을 찾았다.

뉴먼은 분명히 신스콜라학보다 튀빙겐 학파와 더 잘 부합한다.[48] 교리에 대한 타당한 시험은 불변성이라든가 고대성에 관한 것이 아니라 삶과 성장에 관한 것이라고 그는 믿었다.[49] 그는 자신의 유명한 「교리 발전에 관한 에세이Essay on the Development of Doctrine」에서 이렇게 썼다.

---

46) Avery Dulles, *Newman*(London and New York: Continuum, 2002), 151.
47) Dulles, *Newman*, 158.
48) T. M. Schoof, *A Survey of Catholic Theology, 1800-1970*, trans. N. D. Smith(Glen Rock, NJ: Paulist Newman Press, 1970). 뉴먼의 사상과 튀빙겐 가톨릭 신학자들의 사상 사이에는 놀라운 유사성이 있다. 비록 그 분야 전문가들은, 약간의 놀라움과 함께, 아주 먼 의미에서만 어떤 연관성이 그들 사이에 있을 수 있다는 결론에 이르렀지만. 뉴먼은 폰 드라이를 따라 적어도 25년 동안 튀빙겐 학파와 상당히 같은 방향으로 보기 시작했다.
49) Livingston, *Modern Christian Thought*, 202.

"인간 정신의 본성으로부터, 훌륭한 관념들을 온전히 이해하고 완성하는 데는 시간이 필요하다(는 관점을 우리는 지녀야 한다). … 이를 '교리 발전의 이론'이라고 부를 수 있을 것이다."[50]

이런 사유 노선은 튀빙겐 신학자들의 노선과 밀접히 결부돼 있다. 튀빙겐 신학자들은 교회를 발전 과정에 있는 실재라고 믿었던 것이다. 과연, 이들 신학자들에게는, 하느님의 계시가 공동체 안에서 끊임없이 작용하며 역사를 통해 펼쳐진다.[51] "교리는 성령께서 교회가 사도로부터 이어 오는 유산에 함축된 진리를 파악하도록 도와주시는 가운데 발전한다."[52]는 데 뉴먼은 동의했을 것이다. 이해해야 할 훌륭한 관념이 있다면 "그 관념은 똑같이 머무르기 위해 변해야 한다."[53]고 뉴먼은 확신했다. 뉴먼은 계속해서 이렇게 말한다. "더 고차원의 세계에서는 다를지 모른다. 하지만 여기 낮은 데서 산다는 것은 변화한다는 것이다.[54] 그리고 완전하게 된다는 것은 자주 변화했다는 것이다." 뉴먼의 신학에 아주 중심이 되는 교리 발전에 대한 이런 개념은 19세기 말에 이르러서야 가톨릭교회에 폭넓게 수용됐다.

이 장 앞에서, 신학을 하는 방식에 결정적 영향을 미친 패러다임의 전환에 관해 이야기했다. 연역적 방식에서 귀납적 방식으로 방법론의 전

---

50) John Henry Newman, *An Essay on the Development of Doctrine, 1878*(Notre Dame, IN: University of Notre Dame Press, 1989), 30.
51) Livingston, *Modern Christian Thought,* 190-91.
52) Dulles, *Newman,* 7.
53) Newman, *An Essay on the Development,* 39.
54) Newman, *An Essay on the Development,* 40.

환을 다루었다. 여기서 다시 한 번, 우리는 존 헨리 뉴먼과 튀빙겐 신학자들 간의 연관을 본다.

뉴먼의 「동의의 문법Grammar of Assent」은 1870년에 출간됐다. 이 작품에서, 뉴먼은 자신의 "연역적 논거에 대한 불신은… (나) 자신이 보편 명제들로부터 시작하는 것이 아니라 온전한 인간全人이 관련된 구체적 체험들로 시작하기"[55] 때문이라고 설명한다. 뉴먼의 저작이 나온 지 거의 100년이 지나, 제2차 바티칸 공의회는 공의회 문헌들에서, 특히 현대 세계의 교회에 관한 사목 헌장 「기쁨과 희망」에서 이런 접근의 흔적을 드러낸다.

뉴먼은 하느님을 단순히 "관념"으로, "개념"으로 그리지 않았다. 대신, 그에게 하느님은 인간이 자신의 고유한 인간적 상황을 의식하는 가운데 만나는 구체적 실재였다.[56] 이렇게 하느님을 우리 존재의 바로 그 근저로 의식하는 것은 귀납적 방법론의 토대가 되는 원리다. 그리고 튀빙겐 신학자들에 따르면, "전 세계가 하느님 안에 근거하기에, 인간은 자신을 의식하게 되면서 하느님을 의식하게 된다. 우리 존재는 '타자'에 대한, 하느님에 대한 우리의 첫 의식에 의해 유일무이하게 결정된다."[57] 과연, 뉴먼과 튀빙겐 학파 회원들은 인간이 어떻게 하느님을 만나는지에 대한 이해에 있어서 예언자들이었다.

---

55) Dulles, *Newman*, 12.
56) Louis Bouyer, "The Permanent Relevance of Newman", *in Newman Today*, ed. Jaki, 165-74, aat 165.
57) Livingston, *Modern Christian Thought*, 189.

제2차 바티칸 공의회의 그 다음 선구자를 다루기에 앞서, 존 헨리 뉴먼의 두 가지 신학적 기여에 대해 더 주목하지 않을 수 없다. 무류성(무류성이 어떻게 교황과 평신도 모두에게 속하는지)에 대한 그의 이해와 교회 사명에서 평신도 역할에 관한 그의 가르침이 그것이다.

무류성에 대한 교회 가르침이 공식적으로 처음 명료화된 것은 제1차 바티칸 공의회(1869~70)에서였다. 뉴먼은 이것을 긍정적 발전으로 보지 않았다. 한 가지 이유로, 그는 무류성에 관한 가르침은 더 많은 논의를 거쳐 완전하게 해야 한다고 느꼈다. 하지만 제1차 바티칸 공의회 자체가 로마의 정치적 격랑으로 인해 "공식적으로는" 결코 완결되지 않았다. 그는 또한 그대로 남겨진 무류성에 관한 가르침이 교황으로 하여금 형제 주교들과 상의하지 않고 행동하도록 부추길 수 있다는 점을 두려워했다.[58] 하지만, 당시 우려를 함께 하던 다른 이들에게 그는 이렇게 충고했다. "인내합시다. 신앙을 가집시다. 그러면 새 교황과 다시 소집되는 공의회가 그 배를 조율할지 모릅니다."[59] 그의 예언적 말은 마침내 제2차 바티칸 공의회에서 실현됐다. 제2차 바티칸 공의회는 무류성

---

[58] John R. Quinn, The Reform of the Papacy(New York: Crossroad Publishing Company, 1999), 77을 보라. "이 입장이 제1차 바티칸 공의회에 있었고, 교황 수위권에 대한 '과격주의자들의' 해석이라고 불린다. 이 입장이 제1차 바티칸 공의회나 또는 그 공의회의 수위권 규정에 대한 가르침이 아니었다 해도, 말하자면 그런 분위기가 감돌고 있었다. 그리고 그런 분위기는 그때 이래로 지금까지 교황청 곳곳에 그리고 교회 안의 다른 곳에서 계속 있어 왔다." 또한 Yves Congar, *Eglise et Papaute*(Paris: Edtions du Cerf, 1994), 279를 보라.

[59] John Henry Newman, *Letters and Diaries*, Vol. XXV, 278, 310. *The Letters and Diaries of John Henry Newman*, ed. with notes and intro. Ian Ker and Thomas Gornall(Oxford: Clarendon Press, 1979)를 보라.

개념을 다루면서 주교들의 역할을 포함시킨 것이다.

뉴먼은 또한 교회 사명에서의 평신도 역할에 대한 이해로 제2차 바티칸 공의회를 위한 길을 닦았다. 그의 입장은 비록 당대에서는 논쟁거리였지만, 결국에는 제2차 바티칸 공의회에서, 특히 교회에 관한 교의 헌장 「인류의 빛」에 수용됐다. 뉴먼은 모든 믿는 이들이 세례 때에 '진리의 영'을 받는다고 주장했다. 오늘날, 신학은 **신앙인의 감각**sensus fidelium에 관해 이야기한다. 신앙인의 감각은 온 교회 안에서 성령께서 활동하신다는 사실을 가리킨다. 따라서 교회의 가르침은 전체 교회에서 나오며 교계 권위와 신자들이 서로 관계하여 교리를 정식화한다는 증거이다. 하지만 그 당시, 뉴먼은 교회 안에서 평신도의 진정한 역할을 평가하지 못한 교회 지도자들로 인해 어려움을 겪었다. "교회는 평신도 없이는 바보처럼 보일 것이다"[60] 라고 자신의 주교에게 한 뉴먼의 유명한 말은 이런 우려에서 나왔음이 분명하다. 뉴먼이 제2차 바티칸 공의회의 평신도 사도직에 관한 교령을 읽는다면 기뻐했을 것이 확실하다.

뉴먼의 평신도 신학에는 주목해야 할 또 다른 요소가 있다. 오늘날 교회를 괴롭히는 문제들 가운데 하나가 종교적 문맹이다. 공의회가 끝난 이후에, 우리는 종교 교육 분야에서는 마땅히 이루었어야 할 만큼 성공적이지 못했다. 그 이유에 대한 여러 설명 가운데 한 가지가 두드러진다. 제2차 바티칸 공의회 이전의 - 지나치게 법적이고 형식적으로 여겨

---

60) John Henry Newman, *Letters and Diaries*, Vol. XIX, 140.

져서 이해보다는 기계적 암기에 더욱 초점을 맞춘 · "교리문답식" 교수법에서 벗어나려고 노력하는 가운데 우리는 뭔가를 함께 잃어버린 것이다. 나는 이를 매일 내 신학 수업에서 본다. 너무나 많은 학생들이 신앙의 기본 내용을 전혀 알지 못하고 있는 것이다. 뉴먼 시대에, 평신도가 전문 신학자가 된다는 것은 흔한 일이 아니었다. 하지만 뉴먼은 모든 신자들이 견고한 종교 교육을 받아야 한다고 주장했다. 그는 자신의 저서 「영국 가톨릭 신자들의 현 처지The present Position of Catholics in England」에서 이렇게 썼다.

> 나는 평신도를 원한다. 오만하지 않고, 말에 성급하지 않으며, 논쟁적이지 않지만 자신의 종교를 알고 그 종교를 실천하는 사람들을, 자신이 어디에 있는지를 올바로 아는 사람들을, 자신이 고수하는 것이 무엇이며 고수하지 않는 것이 무엇인지를 아는 사람들을, 자신이 신경信經을 잘 알아 그것을 설명할 수 있는 사람들을, 그 신경을 옹호할 수 있을 정도로 역사를 많이 아는 사람들을 원한다.[61]

나는 이 시대 종교 교육자들이 뉴먼의 이 말을 기꺼이 수긍하리라고 생각한다.

---

61) John Henry Newman, *Letters on the Present Position of Catholics in England*(New York: America Press, 1942), 300.

로마노 과르디니(1885~1968)

그 다음 신학자는 가톨릭교회 교회론이 20세기로 들어오는 여정에서 주요한 역할을 했다. 로마노 과르디니는 이탈리아에서 태어났지만 생애 대부분을 독일에서 보내면서 독일의 가장 영향력 있는 신학자들 가운데 한 사람으로 부각됐다. 제2차 바티칸 공의회의 위대한 선구자들 가운데 한 사람으로 자리매김한 것이다. 과연, 어떤 논평가는 이렇게 주장한다. "독일어권에서 그보다 더 제2차 바티칸 공의회의 선각자라고 불릴 사람은 없다."[62] 과르디니의 신학적 관심사는 다양했다. 그는 그리스도론, 계시, 귀납적 방법, 현대 세계를 향한 교회의 태도 그리고 전례 쇄신 - 어쩌면 이것으로 그는 가장 잘 기억된다 - 에 대한 연구에 그의 표시를 남겼다.

그의 모든 신학적 열정의 핵심에는 예수 그리스도의 인격이 있다. 강생은 그리스도 신앙의 중심 신비들 가운데 하나이고, 그리스도론은 이 신비 - 예수는 인간이며 동시에 신이라고 내세우는 신비 - 를 탐구하는 신학 분야다. 그리스도론에는 두 가지 기본 접근 방법이 있다. 위로부터의 그리스도론과 아래로부터의 그리스도론이다. 두 가지 이유에서 이 두 접근 방법 간의 구별을 논할 만하다. 첫째는 제2차 바티칸 공의회 이전 가톨릭 신학에서 예수의 인간적 본성을 자주 소홀히 하면서 예수의

---

62) Paul Misner, "Romano Guardini" in *New Catholic Encyclopedia*, Vol. 6(Detroit, MI: Thomas/Gale; Washington, DC: Catholic University of America, 2003), 550.

신적 본성을 강조하는 경향이 있었고, 둘째는 이 구별을 이해함으로써 과르디니의 그리스도론을 더 잘 이해할 수 있을 것이기 때문이다.

위로부터의 그리스도론은 하느님이자 사람이신 그분에 대한 논의를 예수의 신성으로써, 삼위일체의 제2위인 그분의 선재(先在, preexistence)를 인정하는 것으로써 시작한다. 그런 다음에 하느님이 인간 역사에 고유하고 독특하게 들어오신 강생으로 옮겨간다. 이 그리스도론의 표본은 요한복음서에서 찾아볼 수 있다. 요한복음서 서문은 "한 처음에 말씀이 계셨다. 말씀은 하느님과 함께 계셨는데 말씀은 하느님이셨다."[63] 로 시작한다. 반면에, 마태오와 마르코와 루카의 복음서들은 (전적으로는 아니지만 대체로) 아래로부터의 그리스도론을 차용한다. 이 복음서들은 인간 예수의 이야기를, 무엇보다도 그분 교역(敎役, ministry)의 테두리 안에서 전한다. 그러고 나서 부활과 함께 그분의 신성으로 옮겨간다. 이 두 접근 방법 가운데서 어느 한쪽이 다른 쪽보다 우월하지는 않다. 두 본성을 다 인정하는 한에서는.

로마노 과르디니는 전적으로 그리스도 중심인 그의 신학에서 위로부터의 그리스도론을 채택한다. 과르디니에게 예수 그리스도는 살이 되신 하느님 말씀이다(요한 1,14). 1937년에, 과르디니의 가장 잘 알려진 저서에 속하는 「주님The Lord」이 출간됐다. 이 책은 과르디니 그리스도론의 중심을 이루는 여러 주제들을 담고 있다. 하느님의 계시자인 예수 그

---

63) 요한 1,1.

리스도, 정말로 유일무이한 분이신 예수 그리스도, 예수 그리스도의 인간성, 그리고 그리스도교적 회심 등이다. 과르디니는 그의 그리스도론에서 단순히 이 인간에 **관한** 한낱 정보가 아니라 살아 있는 한 인간을 전달하고자 한다.

로마노 과르디니는 또한 계시를 이해하는 방식에도 그의 표시를 남겼다. 제2차 바티칸 공의회에 받아들여진 그의 주요한 공헌은 아마도 계시가 하느님의 인격적 자기 노출이라는 그의 주장이었을 것이다. 과르디니는 그리스도론에서와 마찬가지로 (계시 신학에서도) 인격person이라는 용어를 차용한다. 이것은 당시의 지배적 관점과는 뚜렷이 대조됐다. 당시에는 계시를 대대로 전해져 내려온 일단의 영원한 진리들, 하느님에 관한 명제들이라고 여기는 경우가 더 많았는데, 제1차 바티칸 공의회와 신스콜라학이 이 개념을 모델로 삼았다.

과르디니의 계시 신학과 관련해 두 가지 점을 더 주목할 만하다. 첫째, 회심의 중요성이다. 하느님의 인격적 자기 노출을 진정 인간적으로 받아들임으로써 우리는 변형된다. … 인간들은 다른 이에게서 사랑을 받을 때 변하는데, 우리가 하느님을 정말로 얻을 때는 얼마나 더 그러한가. 둘째, 과르디니는 하느님의 역사적 계시의 증인으로서 교회의 역할을 강조한다.[64]

앞에서는 연역적 방법론에서 귀납적 방법론으로의 전환과 그 전환이 신학 방식을 어떻게 변화시켰는지에 관해 언급했다. 여기서 다시, 로마노 과르디니의 흔적을 발견한다.

제2차 바티칸 공의회 이전 시기에 신학은 문화들의 개성을 고려하지 않았다고 말하는 것이 올바를 것이다. 예를 들어, 선교 노력에 있어서, 기쁜 소식을 온 세상 사람들에게 전하려고 하면서, 우리는 유럽 중심의 서구 신학을 현지 문화들에 부과했다. 이는 물론 다양한 문화들을 존중하고 그리스도교 메시지를 토착화할 필요가 있다는 제2차 바티칸 공의회의 가르침과 함께 바뀌었다. 하지만 제2차 바티칸 공의회 훨씬 이전에, 과르디니는 이렇게 주장했다. "현대 세계에 대한 그리스도인의 관점은 무엇보다도 먼저 문화를 그 문화 고유의 견지에서 이해하는 것이다."[65] 이것이 최상의 귀납적 방법론이다.

개별 문화들이 지니는 가치에 대한 이런 관심은 현대 세계에 대한 과르디니의 입장과 관련된다. 너무나 오랜 세월 동안, 세상을 향한 교회의 태도는 "요새 정신fortress mentality"으로 묘사돼 왔다. 요새 정신이란 하느님께 이르는 길은 어떻게든 현대성에서 벗어날 것을 요구한다는 관념이다. 과르디니는 우리가 세상 안에서부터 그리스도를 세상에 증언한다는 희망을 가지고 현대성을 받아들일 필요가 있다고 믿게 됐다. 1925년에 쓴 한 편지에서, 과르디니는 "우리는 먼저 우리 시대를 긍정해야 한다."[66]고 주장했다.

어쩌면 과르디니는 그의 모든 신학적 관심사들 가운데서 전례 쇄신에

---

64) Robert A. Krieg, CSC, *Romano Guardini: A Precursor of Vatican II*(Notre Dame, IN: UNiversity of Notre Dame Press, 1997), 41.
65) Krieg, *Romano Guardini*, 176.

대한 기여로 가장 잘 기억될 것이다. 1600년대 이래로 줄곧, 가톨릭 미사는 "공연"을 닮았다. 사제는 미사를 공연했고, 신자들은 이를 지켜보았다. 하지만 과르디니는 성찬례 거행에 신자들이 능동적으로 참여해야 한다고 믿었다. 물론, 전례가 대다수 신자들에게 낯선 언어로 이뤄질 때에 능동적 참여란 벅찬 일이다. 1966년에, 과르디니는 전례 쇄신의 길을 되돌아보면서 이렇게 회고했다. "갓 서품된 사제로서, 그는 미사를 집전할 때 독일어로 크게 '주님께서 여러분과 함께' 하고 말할 수 있는 그날이 오기를 희망했다. 제2차 바티칸 공의회 덕분에, 그가 꿈꾸었던 그날이 왔다."[67]

카를 라너(1904~84, 예수회)

외국을 여행해 본 사람이라면 통역해줄 수 있는 누군가를 우연히 만날 때 확실한 안도감을 체험한다는 것을 너무나 잘 안다. 가톨릭 신학도 카를 라너를 통해 비슷한 형태의 안도감을 체험했다. 그는 아마도 20세기에 가장 중요한 가톨릭 신학자로 기억될 것이다. 낯선 나라의 언어가 관광객들을 당혹스럽게 하고 좌절케 하고 혼동하게 하듯이, 제2차 바티칸 공의회 이전 수십 년 동안 신앙의 언어는 가톨릭 신자들 사이에서 비슷한 영향을 미치고 있었다. 신앙의 위기가 나타나기 시작하고 있다고 말

---

66) Krieg, *Romano Guardini*, 168.
67) Krieg, *Romano Guardini*, 88.

할 수 있었다. 우리는 "주일에 교회에 가는" 생활과 "나머지 평일" 세계의 결별을 보기 시작했다. 전통적인 신앙 언어는 이 위기에 응답하지 않았다. 아마도 응답할 수 없었을 것이다. 라너는 현대인들이 급격하게 변화된 상황, 신학자들에게 가톨릭 신학을 명료화할 새로운 방법을 찾으라고 요청하는 상황에서 살고 있다고 보았다. 새로운 신앙 언어가 필요했다.

라너는 이 신앙 위기의 이유를 세 가지로 제시했다 첫째는 다원주의다. 우리는 더는 폐쇄된 사회에서 같은 신앙을 혹은 같은 가치를 공유하면서 살지 않는다. 둘째, 현대 세계는 이 시대 사람들에게 새로운 자료를 제공하며 새로운 질문을 제기하고 역사에 대한 새로운 이해를 제시하면서 날로 증대되는 지식을 가져다주고 있었다. 끝으로, 라너는 자신이 신학 개념들의 "화석화"라고 부르는 것을 지적했다.[68] 너무나 오랫동안 신앙에 관한 가톨릭의 가르침은 기본적으로 지난 1500년에 걸쳐 이뤄진 전통적 진술들에 토대하고 있었기 때문이다. 그러한 접근은 과거에는 성공할 수 있었지만 이제는 아니었다. 신학자들은 신앙의 핵심 진리들을 일상 세계에 사는 이 시대 그리스도인들의 심금을 울릴 방식으로 표현하는 새로운 길을 찾을 필요가 있다고 라너는 주장했다. 이와 관련, 라너는 "탁월한" 번역가로 부상했다.

이 시점에 이르기까지, 전통적인 스콜라 신학이 신앙의 언어 역할을

---

68) Karl-Heinz Weger, *Karl Rahner: An Introduction to His Theology*(New York: Crossroad/Seabury Press, 1980), 2ff.

했다. 라너는 스콜라 신학이 신앙의 위기를 해소할 수 있다고 보지 않았다. 제2차 바티칸 공의회 이전에 종교 훈련을 받은 이라면 누구나 종교 교육의 일차적 도구 역할을 한 전통적 접근 방식인 「볼티모어 교리문답」을 잘 알 것이다. 이 교리서는 1885년에 발행됐으며, 1960년대에 들어오면서까지 종교 교육에 사용됐다. 일정한 수준에서는 좋았던 만큼이나, 이 책은 라너가 신앙의 위기라고 인식한 것에도 기여했다. 한 가지를 들자면, 신앙에 관한 배움이 신앙에 관한 진술들을 암기하는 것으로 축소됐으며, 진정한 질문 또는 건강한 의심을 위한 여지를 거의 남겨두지 않았다. 이 접근은 또한 의무의 언어로 신앙을 선포하는 경향이 있었다. 라너는 이런 형태의 신앙은 외적인 교리 주입과 기계적 암기의 산물로서, 뭔가 있다 하더라도 신앙 의미에 대한 실제적인 이해로 귀결되는 경우는 거의 없다고 보았다.[69]

라너는 교회 역사를 알았다. 그는 그리스도교 일치를 초토화시킨 파열로 끝난 16세기 프로테스탄트 개혁 이래 줄곧, 로마 교회가 새로운 사상들을 종종 단호하게 거부했다는 것을 알았다. 그는 교회가 현대성으로부터 점점 더 고립됐으며, 때로는 세상에 대해 그리고 세상이 그리스도교에 제기하는 도전들에 대해 두려워하기까지 했다는 것을 알았다. 하지만 그는 또한 믿는 이들을 변화시킬 방식으로 복음을 설교할 필요가 있다는 것도 알았다. 라너는 자신의 저서 「그리스도교 신앙의 토대

---

69) Weger, *Karl Rahner*, 5.

Foundations of Christian Faith」에서 이렇게 썼다. "현대의 불신에 직면해서 교회의 효과적 선교 사명을 위해서는 그리스도교 메시지를 오늘날의 사람들이 이해할 수 있도록 증언하는 것이 필요하다."70) 이제 라너가 신앙 언어의 변화에 관해 어떻게 나아갔는지를 보자.

라너 신학을 검토하면, 21세기에 변화된 방식으로 신학을 하도록 해준 근본적인 패러다임 전환들을 당대의 다른 어떤 신학자보다 더욱 훌륭하게 요약하고 있다는 것이 분명히 드러난다. 그것은 고전주의적 세계관에서 역사적으로 의식하는 세계관으로의 전환, 호교론적 가르침 방법에서 토대적 가르침 방법으로의 전환, 연역적 방법론에서 귀납적 방법론으로의 전환이었다.

그의 신학 방법으로 시작하자. 그의 신학 방법은 초월적 인간학적 방법론이라고 지칭된다. 신학은 하느님과 인간의 관계에 관여한다. 하느님에 대한 물음은 물론 극히 중요한 물음이다. 하느님이 계시는가? 우리는 이 하느님의 존재를 입증할 수 있는가? 입증할 수 있다면, 어떻게 이 하느님을 알게 되는가? 이 하느님은 어떤 분인가? 신학자들은 하느님의 문제를 가지고 여러 세기 동안 씨름해 왔다. 과거, 전통적인 하느님 존재 논증은 인간 조건과는 무관한 존재, 우리와는 아주 먼 존재, 전적으로 타자인 존재의 실존을 입증하는 것처럼 보였다. 라너의 방법은 이 전통적 접근 방법에서 벗어난다. 그는 하느님이 아니라 인간으로 탐

---

70) Karl Rahner, SJ, *Foundations of Christian Faith: An Introduction to the Idea of Christianity,* trans. William V. Dych(New York: Crossroad/Seabury Press, 1982), 449.

구를 시작한다. 신학은 현대 인간들의 필요와 물음들을 지향해야 하기 때문에, 신학은 현대인들의 실존이라는 맥락 안에서부터 신앙을 매개해야 하기 때문에, 라너에게는 인간이 출발점이 된다. 그러므로 그의 방법은 **인간학적**이다. 인간 조건에서 시작하기 때문이다. 그의 방법은 **초월적**이다. 인간의 역동성, 인간의 초월하는 - 하느님과의 친교를 향해 경험 세계를 넘어서는 - 능력을 언급한다는 점에서다.

 인간 조건을 검토하면서, 라너는 모든 인간에 공통되는 일정한 요소들을 발견한다. 그것들은 인간임을 의미하는 것의 구성 요소들이다. 한 가지를 들자면, 사람들은 일반적으로 온갖 것에 개방돼 있다. 이 개방성이 라너에게는 우리를 완전하게 만족시키거나 충족시키는 것이 우리 세상에서는 아무 것도 없음을 의미한다. 우리는 완전한 기쁨을, 완전한 정의를, 충만한 지식을 그리고 무조건적 사랑을 갈망한다. 하지만 그런 갈망들은 여기 지상에서는 채워질 수 없다는 것을 깨닫게 된다. 그런데, 왜 우리는 이런 갈망들을 갖고 있는가? 모든 인간이 이 세상이 줄 수 없는 뭔가를 갈망한다는 것은 단지 우리 본성의 결함일 따름인가? 아니면 또 다른 가능한 답변이 있는가? 라너에게는, 그리고 이러한 신학 방법을 주창하는 모든 신학자들에게는 또 다른 가능성이 있다고 본다. 그 답변이 하느님이다. 그분은 인간적 갈망을 실현할 수 있고 충족시킬 수 있는 유일한 분이다.

 이와 관련, 라너는 "초자연적 실존적Supernatural Existential"에 관해 이야기한다. 실존적이라는 단어는 사물이 아니다. 인간을 이루는 한 구성 요소를 설명하기 위해 라너가 사용하는 개념이다. 그것은 창조되는 순간에 모든 인간이 하느님에게서 받는 것으로, 전적으로 무상(초자연적)이다. 이 실존은 나의 전 존재에 영향을 미친다. 라너는 이를 "의미와 실현의 신적 원천에 개방된, 심지어 이 원천을 갈망하는, 존재의 선물"[71] 로 이해한다. 이 개념은 우리의 은총 이해에, 그리스도 교회 밖에 있는 이들의 구원 가능성에, 그리스도론 연구에, 그리고 현대인들에게 그리스도 이야기를 더욱 신빙성 있게 해주는 데 의미심장한 신학적 함의들을 전한다.

여기서 주목해야 할 것은 라너의 신학이 인간 조건에 대한 검토로 시작한다 하더라도, 그는 신학을 단순히 인간적 체험으로 축소시키지 않는다는 것이다. 달리 말해서, 그는 그리스도교 신앙에 대한 순전히 주관적인 이해 - 치명적 상대주의 - 를 조장하지 않으려 한다. 철저하게 개방적인 인간의 초월적 본성은 라너가 "거룩한 신비" - 하느님 - 이라고 부르는 것을 가리키기 때문이다. 라너 신학의 중심에 있는 것이 이 거룩한 신비다. 인간이 된다는 것이 무엇을 의미하는지를 이해할 때 우리가 만나는 분이 바로 이 하느님이다. 라너에게 "인간의 자기 체험은 언제나 하느님 체험이다."[72] 그러므로, 은총이란 아주 간단하게 인간 안의 하느님 현존이다.

은총 개념을 이렇게 다루는 것과 관련해서, 라너는 다시 전통적 접근

---

71) Geoffrey B. Kelly, ed., *Karl Rahner: Theologian of the Graced Search for Meaning*(Minneapolis: Fortress Press, 1992), 44.

에서 벗어난다. 과거에, 신학자들은 인간 본성과 은총을 두 개의 분리된 실체라고 보았다. 이러한 접근에서는, 은총이란 마치 과자 위에 발린 당의처럼. 본성에 "보태어진" 어떤 것으로 이해된다. 그것은 객관화된다. 마치 인간이 자신의 영혼을 은총으로 채울 수 있기나 하듯이. 라너는 인간 본성에 은총이 없었던 적이 없다고, 인간 존재의 바로 그 핵심에 있는 하느님의 현존이 인간 조건의 본질을 이룬다고 주장했다. 이런 이유에서, 라너는 "은총과 본성"에 관해 이야기하기보다 "은총을 입은 본성"에 관해 이야기하기를 더 좋아한다.

라너 신학의 바로 그 중심에는 예수 그리스도의 인격 안에서의 하느님 강생이 있다. 강생은 무엇보다도 하느님의 힘이 눈에 보이는 창조물들 안에 있으며 그 실체들을 통해 활동할 수 있다는 것을 의미한다. "믿는 이에게, 세계의 역사는 은총의 역사다."[73] 예수 그리스도 안에서, 인간은 자신이 찾고 있는 만족을 발견한다. 이것이 라너가 그리스도를 "절대적 구원자"[74] 라고 부르는 이유다. 인간들의 희망과 기대의 실현으로서 부활을 인간들에게 이해할 수 있게 해주는 그 무엇이 인간 조건 안에 틀림없이 있다고 라너는 주장했다. 라너의 귀납적 방법은 그리스도 이야기를 현대인들에게 더욱 신빙성 있게 해주는 세 가지 요소를 찾아낸다. 곧 그의 귀납적 방법은 이웃 사랑, 죽음의 현상, 그리고 인간의 타고

---

72) Weger, *Karl Rahner*, 55.
73) Thomas O'Meara, OP, "A History of Grace", in *A World of Grace*, ed. Leo J. O'Donovan(New York: Crossroad, 1981), 76-91, at 77.
74) Kelly, *Karl Rahner*, 49.

난 희망하는 능력을 이야기한다.[75] 혹은 신학자 발터 카스퍼Walter Kasper가 썼듯이, "예수의 삶은 끝내 개방으로 끝났다. 그의 역사와 그의 운명은 하느님만이 답변을 주실 수 있는 물음으로 남는다."[76] 따라서, 라너에게 예수는 하느님의 궁극적 계시자일 뿐 아니라 동시에 하느님께 드리는 인간 응답의 궁극적 모범이다.

귀납적 방법론은 라너의 신학에 대단히 중심적이어서, 이 패러다임 전환에 더 많이 주목했다. 하지만 라너는 호교론적 가르침에서 토대적 가르침으로의 전환뿐 아니라 고전주의적 세계관에서 역사적으로 의식하는 세계관으로의 전환에서도 탁월한 본보기이다. 그의 가장 잘 알려진 저서「신앙의 토대들: 그리스도교 사상 입문 Foundations of the Faith: An Introduction to the Idea of Christianity」은 현대 신앙인들에게 신앙에 대한 이해를 제공하려는 라너의 바람을 입증한다. 그는 '권위를 지닌 인물이 참되다고 말했기에 참되다'는 식의 권위에 의한 논증은 현대인들의 필요에 더는 부합하지 않는다고 확신하게 됐다. 그는 현대의 불신에 직면해서 필요한 것은 복음을 이 시대 신앙인과 비신앙인들이 이해할 수 있도록 증언하는 것이라고 주장했다.

라너는 또한 역사적으로 의식하는 세계관에 집중했다. 계시 진리들은 예수 그리스도의 인격 안에서 계시됐다. 하지만 각 세대는 이 진리들을 탐구해야 하며, 그 진리들을 더 깊이 이해하게 돼야 하고, 알기 쉽고 믿

---

75) Weger, *Karl Rahner*, 169.
76) Walter Kasper, *Jesus the Christ* (London and New York: Paulist Press, 1976), 121.

을 수 있는 방식으로 그 진리들을 명료화해야 한다. 새로운 물음들을 야기하는 새로운 상황들은 그리스도교 이야기를 표현하는 새로운 언어를 필요로 한다. 라너는 새로운 각 세대에서 하느님 백성을 위한 "번역가"가 되는 것, 이것이 신학자의 가장 중요한 과제라고 믿었다.

주목해야 할 것은, 자기 이전의 그토록 많은 신학자들처럼, 라너는 해를 거듭하면서 자신이 로마 교황청으로부터 의혹의 대상이 되고 있다는 것을 알았다. 그런데 라너에 대한 변호가 제2차 바티칸 공의회에서 왔다. 공의회에서 신학 전문위원(peritus)으로 봉사하라는 부름을 받은 것이다. 뒷장들에서는 라너의 강력한 영향을 제2차 바티칸 공의회 문헌들에서 살펴볼 것이다.

우리는 앞에서 제2차 바티칸 공의회로 이르는 길을 연 신학자들의 예언자적 특성에 관해 언급했다. 무엇보다도, 예언자는 다른 이들에게 하느님 체험을 표현할 수 있다. 확실히 라너는 이렇게 할 수 있었다. 그의 신학적 인간학은 모든 사람들이 공유하는 보편적 체험을 유심히 보았고, 이 체험의 바로 그 중심에 거룩한 신비가 있음을 발견했다. 그의 성찰들은 "언제나 시간 속에서 은총이 말을 건넨 인간 마음에 봉사하는 데"[77] 있었다.

---

77) Leo J. O'Donovan, "In Memoriam: Karl Rahner, SJ, 1905-1984", *Journal of the American Academy of Religion* 53: 1(March 1985) 129-131, at 130.

결론

제1차 바티칸 공의회(1869~70)와 제2차 바티칸 공의회 사이의 세월은 거의 100년이 지나, 신학을 하는 방식에서 큰 변화를 낳았다. 이 장은 신학이 어떻게 변했으며, 왜 변했으며, 궁극적으로 제2차 바티칸 공의회에 이르는 길을 열어놓은 그 변화들에 책임 있는 사람들은 누구였는지를 이해하도록 하기 위한 시도였다.

물론, 이 장에서 다룬 신학자들이 그 과정에 연관된 유일한 이들은 아니다. 하지만 그들은 중심축이 되는 인물들이다. 그리고 그들은 여러 가지를 공유했다. 그들은 신학이 현대 세계와 대화할 필요가 있다고 확신했다. 그들은 그리스도교 이야기를 충실하고 믿을 수 있고 이해할 수 있는 방식으로 말하려면 새로운 신앙 언어가 필요하다고 보았다. 떠오르는 신앙 위기에 직면해서, 그들은 현재를 알리기 위해 과거 - 성서와 초기 교회 교부들 - 를 살폈다.

너무나 오랜 동안, 신학은 폐쇄되고 정적이며 - 때로는 - 오만한 체계였다. 확실해야 한다는 데에, 온갖 물음에 대한 답을 갖고 있어야 한다는 데에 우선적으로 몰두함으로써, 신학은 크게 빈약해졌다. 신학은 그 연구 대상인 초월적 신비에 대한 감각을 잃고 있었다. 다행히도, 세계 안에서 (작용하시는) 하느님의 영에 맞춘 신학자들이 있었다. 그들은 신스콜라 신학의 요새 정신을 깨고 나오는 길을 발견했다. 이 신 신학자들의 노력은 신스콜라학의 비역사적이고 이성주의적 접근과는 아주 다른 종교적 재활력을 낳았다. 그들은 위대한 신학자들이 반드시 해야 하는 일을 그럭저럭 해나갔다. 그것은 복음을 신자들에게 그들 각각의 역사적 맥락 안에서 매개하는 길을 찾는 것이었다. 성 바오로는 첫 세기에 교회를 이방인들에게 개방하는 길을 찾았을 때 그 일을 해냈다. 토마스 아퀴나스는 아리스토텔레스를 그리스도교에 도입했을 때 그 일을 해냈다. 이와 같은 전통 안에서, 콩가르, 세뉘, 드 뤼박, 라너를 비롯한 다른 이들은 그리스도교 이야기를 이 시대의 마음과 영혼을 변화시킬 수 있는 방식으로 말하는 길을 발견했다

이 신학자들은 다른 뭔가도 공유했다. 그들 모두는 자신들이 당시 교회당국에 의해 이러저러한 방식으로 공식적으로 징계를 받았음을 알았다. 하지만 그들의 이야기는 거기에서 끝나지 않았다. 그들은 모두 제2차 바티칸 공의회의 건축가들로 보이게 된 것이다. 이어지는 장들에서, 우리는 이 위대한 신학자들의 흔적을 제2차 바티칸 공의회 문헌들에서, 특별히 세상을 향한, 평신도를 향한, 그리고 자기 자신을 향한 교회의 태도와 관련해서 발견한다.

2. 교회가 세상을 보다

제2차 바티칸 공의회로 이어짐

1958년 교황 비오 12세의 죽음은 교회 역사에서 한 시대의 끝을 표시했다. 그의 교황직은 교회에 강력하고 보수적인 리더십을 제공했다. 그의 계승자를 선출하는 콘클라베에서, 추기경들은 합의를 이끌어내는 데 어려움을 겪었지만 끝내는 타협에 도달했다고 한다. 그들은 77살의 안젤로 론칼리를 선출했다. 그는 임시의, 과도기적 교황으로 봉직할 것이라고 그들은 여겼다. 당시 이 새 교황 요한 23세가 뭔가를 유산으로 남기리라고는 아무도 상상할 수 없었다.

요한 23세는 교황으로 선출된 지 불과 3개월 후, 일치 공의회를 소집하겠다는 자신의 결심을 발표했다. 그의 선언은 폭넓은 반응을 낳았다. 하지만 전반적으로 대다수 사람들의 반응은 '왜?' 라는 한 마디 말로 요약할 수 있다고 말하는 것이 공정하다. 어쨌거나 가톨릭은 당시 꽤 좋아 보였던 것이다. 가톨릭 학교들은 가득 찼고, 사제 및 수도자 성소는 풍부했으며, 교리문답 덕분에, 대다수 가톨릭 신자들은 신앙을 "알았다."

그런데 왜 공의회를? 이 질문이 중요했던 것은 또한 제1차 바티칸 공의회(1869~70)에서 교황 무류성이 명료화된 후에 또 다른 공의회가 필요하리라고는 아무도 생각하지 않았기 때문이었다. 비오 12세는 1950년 복되신 동정 마리아의 승천 교리에 관한 무류적 선언을 했을 뿐 아니라 교회 생활의 여러 측면에 관해 (권위가 조금 덜한) 많은 성명들을 발표했다. 요한 23세는 무엇을 생각하고 있었나? 무엇이 그로 하여금 그토록 믿기 힘든 결정을 하게 만들었나? 보게 되겠지만, 요한 23세는 공의회 소집 선언을 성령의 영감으로 돌렸다. 이 위대한 인간은 요한복음에 나오는 예수의 말씀 곧 "보호자… 성령께서 너희에게 모든 것을 가르쳐 주실 것이다."[78] 라는 말씀을 진지하게 받아들였다는 것이 드러났다.

이 중대한 선언 3년 후인 1962년 10월에 제2차 바티칸 공의회가 개막했다 1965년 공의회가 끝났을 때 공의회는 16편의 문헌 - 4개 헌장, 9개 교령, 3개 선언 - 을 내놨는데 그 문헌 하나하나가 가톨릭 신앙의 핵심 쟁점들을 다뤘다. 이 장에서는 이 쟁점들 가운데 하나인 교회와 세상의 관계를 살펴본다. 현대 세계의 교회에 관한 사목 헌장 「기쁨과 희망」이 논의를 위한 맥락 역할을 할 것이다.

우선 이 문헌의 중요성을 파악하기 위해서는 공의회 이전에 교회가 세상을 어떻게 보았는지를 살펴볼 필요가 있다. 이 관점은 거의 2000년에 이르는 역사의 산물이었다. 그 세월을 체계적으로 다루는 일은 이 책의

---

78) 요한 14,26.

범위를 벗어날 것이다. 하지만 현대 세계에 대한 제2차 바티칸 공의회 이전의 태도와 관련해, 대다수 신학자들이 동의하는 몇 가지 특징이 있다. 여기서는 그 가운데 두세 가지를 검토한다.

이원론

이 철학은 세상을 선과 악 두 세력의 산물로 이해했다. 영적 실재는 선을 표상했고, 물질적 실재는 악을 나타냈다. 이런 사상 체계에서, 세상은 유배 장소로 인간 육신은 영혼의 감옥으로 보였다. 가톨릭교회는 이원론을 공식적으로 내세운 적이 결코 없지만 이원론은 그리스도교 역사에서 일찍 그 표시를 남겼다. 우리는 유스티노, 클레멘스, 아우구스티노, 예로니모 같은 사상가들이 취한 입장에서 - 특히 성性과 혼인에 대한 그들의 가르침과 관련해서 - 이에 대한 암시들을 본다. 또 독신 생활과 혼인 생활의 구별에서도 이를 본다. 독신 생활이 그 순수하게 영적인 상태로 인해 더 높은 위치에 있다고 본 것이다.[79]

시간이 흐르면서, 일정한 이원론적 구별들이 신학 언어에도 스며들었다. 성과 속, 영원과 현세, 초자연과 자연의 구별에 관해 이야기하게 된 것이다. 어떤 논의들에 있어서는 이런 구별에 일정한 타당성이 있음을

---

79) Thomas Bokenkotter, *A Concise History of the Catholic Church*, rev. and exp. ed. (New York: Doubleday, 1990), 63을 보라 : "예로니모는 이 논고들에서 동정이 헌신하는 그리스도인에게 알맞은 유일한 생활 상태라고 거듭 칭송했다."

인정한다. 하지만 우리가 그토록 오랜 세월 그랬던 것처럼, 그 구별은 일종의 이원론을 허용했고 이는 교회의 세상 경멸에 확실하게 기여했다. 한 가지를 들자면, 우리는 "이" 세상(현세)보다 "다음" 세상(천국)에 대해 훨씬 더 많은 관심을 기울였다.

방어적 입장

제2차 바티칸 공의회로 이어지는 100년 동안 세상에 대한 교회의 지배적 태도를 방어 정신이라고 부를 수 있다는 것은 의심의 여지가 없다. 이 시기에 교회의 성향을 묘사하기 위해 **요새**, **방어적** 그리고 **게토**라는 용어를 사용하는 수많은 저자들이 그 증거다.

18세기와 19세기의 교황들은 근대 세계의 세력들, 특히 계몽주의 세력들과 싸웠다. 계몽주의는 1789년 프랑스 혁명을 비롯해 민주주의와 자유를 향한 세속 운동들로 이어졌다. 실제로, 이 방어적인 요새 정신은 그 이전부터, 프로테스탄트 개혁 그리고 그리스도교 일치의 처참한 붕괴에 대한 반작용에서 시작됐다. 어떤 이유에서, 교회의 많은 이들은 앞으로 그런 위기들을 피하기 위한 길은 모든 답을 갖고 있다고 주장하는 강력한 구조 뒤로 교회를 격리시키는 것이라고 믿게 됐다. 이런 좋지 못한 전제는 그 다음 특징으로 이어지는데, 이것이 제2차 바티칸 공의회 이전 시기에 교회가 세상을 부정적으로 평가하도록 하는 역할을 했다.

고전주의적 사고

너무도 오랜 동안 가톨릭 신학은 철학과 중세 신학에 매여 있었다. 앞에서 보았듯이, 18세기와 19세기 교황들은 신학에 대한 스콜라학적 접근을 앞 다투어 옹호했다. 하지만 이 고전주의 세계관은 정적일뿐더러 참다운 발전 가능성에 개방적이지도 않다. 제2차 바티칸 공의회의 가장 유명한 인물 가운데 한 사람이자 고전주의 성향의 대표자인 오타비아니Ottaviani 추기경은 자신의 주교직 사목 표어를 "언제나 똑같이 Semper idem"로 정했다. 그러므로 진리는 진리이니 오늘도 어제와 그 내용이나 그 표현에서 모두 똑같다. 이런 태도는 지독한 오만과 권위주의 - 그 체제 밖에서 사는 이들에게는 의미가 거의 없는 폐쇄된 체제 - 로 이어질 수 있다. 담벼락, 우리 자신이 세운 그 담벼락 밖에 있는 이들에게 말을 건네기를 거부하고 그들의 말을 듣기를 거부한다면, 그리스도 안에서 모든 것을 변화시켜야 하는 교회 사명을 어떻게 성취할 수 있다는 말인가?

아조르나멘토

현대 세계에 적대적인 이 오랜 역사에도 불구하고, 요한 23세는 그의 공의회가 **아조르나멘토**가 될 수 있다고, 가톨릭 신앙을 현대화해 현대성이 필요로 하는 것들에 맞출 수 있다고 믿었다. 그리고 「기쁨과 희망」은 이 시도의 중심 작품이 됐다. 이 문헌은 비록 요한 23세 서거 후에 나왔지만, 공의회의 다른 어느 문서들보다 요한 23세를 더 잘 대변한다. 「기쁨과 희망」은 세상과 충돌하는 교회에서 세상과 대화하는 교회로의 가장 깊은 변화를 드러낸다. 이 문헌은 교회 내의 새로운 의식을 보여주었다. 이 문헌은 발전과 진지한 쇄신의 방향에 있는 교회를, 자신과 역사를 함께 하는 세상에 대해 더는 두려워하지 않는 교회를 드러냈다. 그리고 요한 23세가 공의회 개막 연설에서 한 것처럼, 「기쁨과 희망」은 가톨릭 신자와 다른 그리스도인뿐 아니라 전 인류에게 말을 건네면서 그들과 또 세상과 진정한 대화를 하기를 바랐다. 「기쁨과 희망」을 다루면서 보게 되겠지만, 이 대화는 인간에게 초점을 맞춤으로써 시작됐다. 교회가 세상에 진짜 기여하고자 한다면, 세상을 이해해야 한다. 「기쁨과 희망」의 최종안은 1710명의 찬성으로 통과했다. 공의회 교부들 가운데 480명이 반대했다. 공의회 문헌들 가운데 마지막이자 가장 긴 이 문헌은 1965년 12월 7일에 공포됐다.

하지만 「기쁨과 희망」을 좀 더 자세히 살펴보기 전에, 두어 가지 특징적 언급을 하는 것이 순서다. 그 특징들을 여기서 언급하는 것이 타당한 까닭은 그것들이 이 장에서 취급하는 「기쁨과 희망」뿐 아니라 이 책에서 논의하는 제2차 바티칸 공의회 문헌 전체에 영향을 미치기 때문이다.

각 문헌들을 논의한다고 해서 전부 다 다룬다는 것은 아니다. 16편의 문헌 하나하나가 풍부한 신학적 통찰들을 담고 있으며, 그 하나하나는 그 자체로 충분히 책 한 권의 주제가 될 수 있다. 우리 목적은 그보다는 제1차 바티칸 공의회와 제2차 바티칸 공의회 사이의 100년 동안에 신학에서 이루어지고 있던 주목할 만한 변화를 공의회 문헌들이 어떻게 보여주는지에 비추어 그 문헌들을 살펴보는 데 있다. 따라서 아주 구체적인 초점을 염두에 두고 있는 것이다.

그 다음으로, 제2차 바티칸 공의회 모든 문헌들에서 본질적인 문제라고 부를 수 있는 것을 다룬다는 점이다. 이 문제는 대다수 공의회 논평가들이 인정했던 것들로서 여기서는 신학적 정직성을 위해 언급하지 않으면 안 된다. 제2차 바티칸 공의회를 주의 깊게 공부하면 참가자들이 마련한 16편의 문헌에 - 참가자들의 구성을 고려할 때 - 타협의 흔적이 있다는 것이 아주 분명히 드러난다. 뚜렷이 구별되는 두 세력이 공의회에서 활동했다. 그들은 보수주의자들 대 진보주의자들, 소수파 대 다수파, 교의 대 사목, 기존 입장을 고수하는 이들 대 진보적 사상가들로 지칭돼 왔다. 이런 식으로 부르는 것이 공정하다고 하기는 어렵다. 지나치게 단순화한 지칭임을 시사하기 때문이다. 진실은 이렇다. 특정 공의회 교부가 어느 "진영"을 대표했든지 간에, 공의회 교부들 모두와 관련해 두 가지는 분명하다. 곧 그들은 그들의 교회를 사랑했다는 것, 그리고 그들 가운데 계시는 성령께 맞추려고 노력했다는 것이다.

마지막 세 번째로 언급할 사항은 개인적 성격의 것이다. 공의회 문헌들이 작성되고 40년이 지나 그 문헌들을 읽을 때, 공의회 교부들은 제2차 바티칸 공의회의 유산으로서 자기들이 직접 문서화한 그 말들이 지니는 훨씬 더 큰 함의를 상상이나 할 수 있었을까 하는 점이 궁금하다. 이 "놀라움"의 많은 보기를 제시할 수 있지만(그리고 그 보기들은 이어오는 지면들에 나와 있다) 지금으로서는 한 가지만 들어도 충분할 것이다. 「기쁨과 희망」 44항은 이렇게 밝힌다.

> 하느님 백성 전체, 특히 사목자들과 신학자들의 소임은 성령의 도우심으로 현대의 다양한 말을 경청하고 식별하고 해석하며 이를 하느님의 말씀에 비추어 판단하는 것이다. 이렇게 하여 계시 진리가 언제나 더 깊이 받아들여지고 더 잘 이해되고 더욱 적절히 제시될 수 있다.[80]

이 대목은 대단히 많은 것 - 하느님 백성 "전체"가 이 과정에 관계하고 있다는 것, 우리는 우리 시대의 많은 이들의 말을 "경청"해야 한다는 것, 진리는 "더 깊이 받아들여질" 수 있고 더 잘 이해될 수 있다는 것 - 을 담고 있다는 점에서, 주목할 만하다. 공의회 교부들은 최근에 나타난 '신자들의 소리the Voice of Faithful' 운동이나 혹은 오늘날 대단히 시끄러운 교회 내 여성 역할에 관한 물음들을 예견할 수조차 없었을 것이다. 하지만, 공의회 교부들의 말은 그런 문제들에 대한 논의를 위한 진정한 서막을 제공했다. 공의회의 숙고들에 성령께서 현존하셨음을 누가 의

---

80) 「기쁨과 희망」, 『제2차 바티칸공의회 문헌』(한국천주교중앙협의회, 2002), 44항.

심할 수 있다는 말인가?

우리 시대를 위한 문헌

이제 「기쁨과 희망」의 중심 관념들을 좀 더 자세히 살펴볼 준비가 됐다. 이 논의 과정에서, 「기쁨과 희망」이 이런 관념들과 1장에서 본 그 예언자적 신학자들의 관계를 어떻게 반영하는지 또 앞에서 논한 패러다임 전환을 어떻게 반영하는지 보여줄 수 있기를 희망한다.

앞 장에서는 신학을 하는 방식을 바꾸는 데 도움이 된 세 가지 패러다임 전환을 살펴봤다. 이 변화가 궁극적으로 제2차 바티칸 공의회로 이끈 것이다. 그 세 가지 전환은 고전주의적 세계관에서 역사적으로 의식하는 세계관으로의 전환, 연역적 방법론에서 귀납적 방법론으로의 전환, 호교론적 가르침 방식에서 토대적 가르침 방식으로의 전환이었다. 우리는 예언자적인 신학자들의 집단도 살펴봤다. 그들의 통찰은 강생 신학, 역사적 방법, 신학적 범주로서 역사가 지니는 가치, 교리 발전, 성령론, 그리스도론, 문화에 대한 신학적 관점, 신학적 인간학 같은 신학적 주제들을 다시 생각하게 해주었다. 우리 과제는 이제 이 "신 신학"의 증거를 「기쁨과 희망」에서 찾는 것이다.

교회와 세상 : 화해

「기쁨과 희망」은 두 부분으로 나뉜다. 첫째 부분은 인간 존엄성, 인간 공동체, 인간 활동, 그리고 교회와 세상의 관계를 다룬다. 둘째 부분은 특별한 긴급 문제들을 언급한다. 혼인과 가정, 인간 발전, 경제 사회 정치 영역의 삶, 국가 간 유대가 그것들이다.

이 문헌의 제목 '현대 세계의 교회에 관한 사목 헌장'은 세상을 향한 교회 태도가 변화했다는 첫 암시를 드러낸다. 문헌은 세상을 **위한**, 또는 세상을 **향한** 교회가 아니라 세상 **안**에 있는 교회라고 언급한다.「기쁨과 희망」은 공의회가 남녀들로 이뤄진 세상에, 인류 가족 **전체**와 그들이 살아가는 현실 전체에 초점을 맞춘다. 이어, 하느님의 사랑에 의해 창조되고 지탱되는 이 세상의 선함을 인정한다.[81] 그리고 세상이 기본적으로 선하다는 것을 인정하면서도, 이 문헌은 세상에 있는 잠재적 문제들에 관해서는 또한 현실적이어서, "하느님과 인간에게 봉사하도록 안배된 인간 활동을 죄의 도구로 변질시키는 저 허영과 악의에 찬 정신을"[82] 지적한다.

우리가 보았듯이, 제2차 바티칸 공의회로 이어지던 시기에, 어떤 신학자들은 "세상"에 대한 더욱 긍정적 관점을 발전시키고자 노력하고 있었다. 하지만 그런 시도들을 교회 관리들이 어떤 열정을 가지고 받아들

---

81)「기쁨과 희망」2항.
82)「기쁨과 희망」37항.

인 경우는 거의 없었다. 실제로 여러 공식 문헌들이 이 열정의 결여를 입증한다. 아마 가장 잘 알려진 것은 1864년 교황 비오 9세가 발표한 「오류 목록The Syllabus of Errors」일 것이다. 이 문서에서 그는 당시 진보적 사상가들이 주창한 일정한 명제들을 단죄했다. 비오 9세는 근대 사상의 오류 80가지를 나열했는데, 마지막 번째 "오류"는 그 오류가 발표됐을 때조차도 커다란 우려와 혼동을 야기했다. 이 오류 항목에서, 교황은 로마 교황이 진보와 또 현대 문명과 화해해야 한다는 관념을 단죄한 것이다.

그 뒤를 이어 세상사에 대해 일정한 불신을 드러내고 심지어 단죄하는 공식 성명들이 더 있었다. 그런 경멸은 보통 교회에 대치되는 것으로 보이는 "근대" 세계를 겨냥했다. 1879년 교황 레오 13세는 (그리스도교 철학의 복원에 관한)「영원하신 아버지」를 발표했는데, 이 문헌에서 교황은 토미즘(Thomism, 중세 스콜라 철학을 대표하는 토마스 아퀴나스를 중심으로 그의 추종자들이 발전시킨 철학 신학적 사상 체계 - 옮긴이)을 정론의 토대로 채택했다. 하지만 토미즘은 비역사적 방식으로 이해됐다. 이는 한층 더 협소하게 사고하는 스콜라학 운동을 강화하는 데 일조했다. 그리고 토미즘은 당시 모든 신학교에서 사용하는 유일한 길잡이가 됨으로써 근대 세계로부터 비롯하는 어떠한 새로운 사상도 배제했다. 하지만, 중세기 방식을 신학에 단순히 복원하는 것이 답변이라는 데에 동의하지 않는 가톨릭 신학자들은 점점 더 많아지고 있었다. 그들은 가톨릭 사상이 신뢰할 수 있는 길잡이로 머물려면 교회와 세상의 더 폭넓은 대화가 필요하다고 믿었다. 이 학자들은 (근대주의) 사상가들과는 다소 느슨하게 제휴했지만 결국에는 모두 다 "근대주의자들"로 지칭됐다. 그리고 물론 그들은 공식 교회에 의해 잘 받아들여지지 않았다. 이들은 교회가 세상으로부터, 현대성으로부터 자신을 보호하고자 세운 고립의 장벽을 감히 타파하려 했기 때문이었다.

근대주의 논쟁은 한동안 계속됐다. 1907년에 로마의 성무성성(현 신앙교리성)은 「통탄할Lamentabili」이라는 교령을 발표, 근대주의 관념들을 규탄했다. 그해 후반에 교황 비오 10세는 계속해서 회칙 「주님의 양떼 돌보기Pascendi Dominici gregis」를 발표했다. 이 회칙에서 교황은 자신이 "근대주의의 이단들"이라고 언급한 것들을 단죄했다. 당시 교회 관리들에게 공정하게 말하자면, 일부 근대주의자들이 주창하고 있던 몇몇 신학적 입장들은 이단에 가까웠고, 단죄됐어야 했다. 그렇지만 고고학, 역사, 언어학, 심리학 등과 같은 수많은 학문 분야에서 부상하고 있던 현대 세계의 통찰들을 교회가 경청하기를 거부한 것은 패착이었다. 이런 거부로 가톨릭 주변의 벽은 점점 더 높아갔고, 가톨릭과 세상은 저점 더 멀어져 갔다.

그런데, 1950년에 세상으로부터 비롯하는 통찰을 거부하고 신학적 탐구의 자유를 반대하는 또 다른 일격이 교황 비오 12세의 회칙 「인류Humani generis」에서 나왔다. 이 문헌에는 개별 신학자들의 이름이 전혀 언급되지 않지만 대다수는 이 문헌이 "신 신학"을 억압하려는 비오 12세의 시도였다는 데 동의했다. 선임 교황들과 마찬가지로, 비오 12세는 현대의 새로운 발전에 내재하는 문제들에 관해 가톨릭 신자들의 주의를 환기시키면서 토미즘이 신학이 교회의 공식 신학이어야 한다고 주장했다.

이브 콩가르는 제2차 바티칸 공의회 후 25년이 지나서 쓴 한 논문에서 제2차 바티칸 공의회 이전과 이후의 교회의 세계 이해에 대해 논했다.[83] 그는 인간 세상, 현세에 대한 제2차 바티칸 공의회의 관점은 믿기지 않을 정도로 포용력이 컸다고 말한다. 그는 그런 다음 그 "전체"에 대한 제2차 바티칸 공의회의 관심을 1903년부터 1950년 사이에 15권으로 출간된 「가톨릭 신학사전Dictionnaire de Theologie Catholique」과 비교한다. 놀랍게도 가톨릭 신학사전에는 노동, 가정, 부성, 모성, 우정, 섹스, 즐거움, 기쁨, 고난, 경제, 정치, 기술, 아름다움, 가치, 세상 같은 화제들에 대한 표제어가 전혀 없었다. 하지만 악evil이라는 단어는 25단이나 다뤄졌고, "현세의 교황 권력"은 103단이나 논의됐다. 이와 대조적으로, 「기쁨과 희망」은 세상에 대해 교회 신학에서 일어나고 있던 변화를 한층 두드러지게 드러낸다.

하지만 시간이 흐르면서, 이 점을 강조하기가 더욱 힘들어지게 된다. 제2차 바티칸 공의회 이전의 가톨릭의 생활과 사유 방식은 여러 면에서 더 존재하지 않기 때문이다. 어쩌면 "두 교회에서 다" 살았을 정도로 나이가 든 이들 가운데서는 예외가 있을 수 있다. 하지만 그들 가운데서조

---

83) Yves Congar, OP, "Moving toward a Pilgrim Church", in *Vatican II Revisited by Those Who Were There*, ed. Dom Alberic Stacpoole, OSB(Minneapolis: Winston Press, 1986), 129-52, at 144.

차 어떤 이들은 과거의 방식을 잊어 버렸다. 그리고 제2차 바티칸 공의회 이후 세대들은, 이런 과거의 관점을 그냥 모를 뿐이다. 제2차 바티칸 공의회가 끝난 지 불과 며칠 후인 1965년 12월 17일에 〈타임〉지는 "제2차 바티칸 공의회가 어떻게 교회를 세상에 향하게 했는가"라는 제목의 통찰력 있는 기사를 실었다.[84] 제2차 바티칸 공의회 이전과 그 이후의 교회와 세상 관계를 다루면서, 이 기사는 공의회 활동을 가까이에서 지켜본 두 사람을 인용했다. 「기쁨과 희망」의 충격을 잊었을지 모르는 이들을 위해 그리고 이 사건의 의미심장함을 전혀 알지 못한 이들을 위해 그들의 논평을 여기서 주목할 가치가 있다. 제2차 바티칸 공의회 이전의 교회와 관련, 영국의 베네딕도회 대수도원장 크리스토퍼 버틀러Dom Christopher Butler는 이렇게 주장했다. "이전에, 교회는 어마어마하고 꿈쩍 않는 거대한 상像, 언덕 위에 세워진 도시, 혁명적 변화에 맞서는 안정된 성채처럼 보였다."[85] 그런데 제2차 바티칸 공의회가 가져다 준, 특별히 「기쁨과 희망」에 있는, 엄청난 변화를 논평하면서, 인도의 유진 드 수자Eugene D' Souza 대주교는 이렇게 말했다. "세상에 대한 교회의 전체적 접근 방식은 신실한 존경의 방식, 곧 세상을 지배하지 않고 섬기며, 세상을 경멸하지 않고 좋게 여기며, 세상을 단죄하지 않고 오히려 힘을 실어주고 구원하는 방식이다."[86] 그래서, 불신과 경멸과 종종 노골적

---

84) "How Vatican II Turned the Church toward the World", *Time*, December 17, 1965, pp.24-25.
85) "How Vatican II", p. 24.
86) "How Vatican II", p. 25.

단죄의 역사에도 불구하고, 교회는 세상과 화해했다. 이는 많은 요인이 작용한 결과였고, 그 몇몇 요인을 이제 좀 더 자세히 검토하는 것이 마땅하다.

변화하는 신학

「기쁨과 희망」의 바로 첫 부분에서, 우리는 새로운 방법론이 작용하고 있음을 발견한다. 제2항은 이렇게 진술하고 있다. "따라서 공의회는 인간의 세계를, 곧 인류 가족 전체와 인간이 살아가는 온갖 현실을 직시하고 있다. 인류 역사의 무대인 이 세계에는…."[87] 바로 그 다음 항에서는 이렇게 진술한다. "따라서 인간이, 육신과 영혼, 마음과 양심, 정신과 의지를 지닌 단일한 전인간이 우리가 하는 모든 이야기의 중심축이 될 것이다."[88] 여기에서, 신앙의 진리들을 출발점으로 삼은 이전의 교회 공식 문헌들과 달리, 「기쁨과 희망」은 아주 다른 출발점을 시사한다. 그 출발점은 인간이다. 이 문헌은 연역적 방법론에서 귀납적 방법론으로의 분명한 전환, 교회와 세상의 관계를 전혀 다르게 취급하는 계기가 될 전환을 보여준다. 「기쁨과 희망」은 인간 조건 곧 신앙인에게나 비신앙인에게나 공통된 체험들에 대한 검토로 시작한다. 그래서 모든 사람의

---

87) 「기쁨과 희망」 2항.
88) 「기쁨과 희망」 3항.

구원 가능성, 창조된 세계의 본래적 선함, 문화의 다양성, 그리고 인간의 궁극적 소명과 운명 같은 쟁점들에 새로운 빛이 비칠 것이다. 그리스도교는 자신의 메시지가 보편적 메시지라고 늘 주장해 왔다. 그런데 이 주장이 이제는 더욱더 신빙성을 지니게 된다. 「기쁨과 희망」은 인간 실존으로 시작하기에, 또 인간과 역사를 공유하는 세계로 시작하기에 가톨릭 가족에 드는 이들만이 아니라 모든 사람이 쉽게 이해할 수 있다.

앞 장에서 보았듯이, 연역적 방법론에서 귀납적 방법론으로의 이 전환은 제2차 바티칸 공의회에서 시작된 것이 아니다. 그 씨앗들은 요한 23세의 공의회 소집 열망 훨씬 이전부터 뿌려지고 있었다. 대단히 많은 신학자들의 저술들이 제2차 바티칸 공의회에 이르는 길을 열고 있었던 것이다.

로마노 과르디니는 공의회에서 부상한 그 사유 방식의 가장 초기 주창자 가운데 한 사람이었다. 「기쁨과 희망」처럼, 과르디니의 신학은 청중이 그들의 구체적 상황에서 갖는 기본 관심사와 문제들로 시작했지, 신학 자체의 쟁점이나 화제들로, 시간과 무관한 진리들의 체계로 시작하지 않았다. 비록 이런 것들이 그 자체로는 본질적으로 아주 타당하다 하더라도 말이다.[89] 신학은 언제나 삶의 언어를, 어느 시대의 사람들이라도 이해할 수 있는 언어를 발견해야 한다.

물론 귀납적 방법의 사용에 있어서 과르디니에게는 좋은 친구들이 있

---

89) Robert A. Krieg, CSC, "A Precursor's Life and Work", in *Romano Guardini: Proclaiming the Sacred in a Modern World*, ed. Robert A. Kireg, CSC(Chicago: Liturgy Training Publications, 1995), 15-29, at 26.

었다. 이브 콩가르 또한 이 방법론의 선구자였다. 훗날, 세상 안의 교회를 이야기하고자 한 「기쁨과 희망」의 시도를 논평하면서, 콩가르는 이렇게 주장했다. "탐구적이고 서술적이며 귀납적인 방법이 제시됐다. … 교회는 세상의 문제들을 질문해야 했다. 교회는 '다른 이들'의 말에 귀를 기울여야 했다."[90] 콩가르는 이 새로운 방법론의 필요성을 아주 단호하게 언급하면서 신학이 실제 세상과 거리가 먼 지적 활동의 차원으로만 머문다면, 그것은 죽은 신학이라고 주장했다. 신학은 사람들이 안고 있는 문제들을 귀 기울여 듣고 그 문제들에 응답하려고 노력해야 하기 때문이다. 신학은 순전히 연역적일 수가 없다.[91]

귀납적 방법론은 세뉘 신학의 중심이기도 했다. 그는 강생의 모델에 이끌려 교회와 세상의 관계를 이해했다. 세뉘에게 강생은 2000년 전 나자렛 예수의 인격에서 유일무이한 방식으로 하느님이 인간 조건을 입었을 때 단지 한 번만 일어난 것이 아니었다. 오히려 강생은 역사를 통해 모든 사람 안에서 계속된다. 교회는 역사의 매 시기마다 새로운 방식으로 세상에 현존하도록 부름 받고 있다고, 모든 변화는 저마다 새로운 강생을 필요로 한다고 그는 주장했다.[92]

세뉘의 신학에 그토록 중심이 되는 강생 신학 관념은 귀납적 방법의

---

90) Yves Congar, OP, "Theology's Tasks after Vatican II", in *Theology of Renewal*, Vol. I, ed. L. K. Shook, CSB(Montreal: Palm Publishers, 1968), 47-65, at 57, 59.
91) Patrick Granfield, *Theologians at Work*(New Work: Macmillan Company, 1967), xviii, 246.
92) Christophe Potworowski, *Contemplation and Incarnation: The Theology of Marie-Dominique Chenu*(Monateal, Quebec, Canada: McGill-Queen's University Press, 2001), xiv-xv.

한 표현일 따름이다. 인간 조건을 검토해 보면, 이 세상만으로는 완전히 채울 수 없는 갈망들을 지닌 한 "존재"가 나온다. 앞에서 논의했듯이, 인간학은 본성상 신학을 설정한다. 인간에 관한 질문들은 하느님에 관한 질문들로 이어지기 때문이다. 신학자들은 귀납적 접근법의 타당성을 알게 됐다. 신학 작업에서 인간 조건은 그 자체로 또 본질적으로 진리의 원천일 수 있기 때문이다. 앞으로 보게 되겠지만, 그 함의들은 훨씬 더 멀리 미친다. "인간학 공부는 어떤 신학에서도 탁월한 자리를 차지할 것이며, 구체적 인간 상황에 대한 입장을 포함할 것"[93]이라는 데 세뉘는 동의했다. 마찬가지로, 「기쁨과 희망」은 인간 세계, 인간 진보, 그리고 이 구체적 세상의 발전을 선한 것으로 보면서, 우리에게 이렇게 주의를 일깨운다. "새로운 땅에 대한 기대가 이 땅을 가꾸려는 관심을 약화시켜서는 안 된다. … 이 땅에는 이미 새로운 세기의 어떤 밑그림을 제시하여 줄 수 있는 저 새로운 인류 가족의 몸이 자라고 있다."[94] 세뉘가 이런 글을 쓰는 것은 그 또한 이 세상에 대한 배려와 돌봄이 모두 궁극적 변화로 이어지는 지속적 강생의 일환이라고 믿기 때문이라는 것을 우리는 대체로 상상할 수 있다. 교회를 끊임없는 강생이라고 보는 것은 교회와 세상 간의 이원론을 극복해야 함을 의미한다는 것을 그는 알았다. 이것은 인간의 구체적인 역사적 상황을 진지하게 받아들임을 뜻한다. 요한 23세가 우리에게 "시대의 징표들"을 읽으라고 초대했듯이,[95]

---

93) Potworowski, *Contemplation*, 85.
94) 「기쁨과 희망」 39항.

세뉘도 그랬다. 그는 이 "징표들"을 주어진 어떠한 인간 상황에서도 복음이 뿌리를 내리는 기회들로 보았다. 강생은 창조 그 자체 안에서 일어난다. 그러므로, 교회는 세상 밖에 있지 않다. 이 때문에, "인간적 사건들, 가치들 그리고 세상을 건설하는 사업은 모두 교회의 관심사다."[96]

신학적 인간학

인간을 교회-세상 관계를 위한 출발점으로 선택함으로써, 「기쁨과 희망」은 건전한 신학적 인간학의 필요성을 분명히 했다. 공의회 교부들은 이렇게 질문했다. 인간적이라는 것이 무엇을 의미하는가?

「기쁨과 희망」의 서론과 첫 4장에서 개관하는 인간 이해는 공의회 문헌들에서 발견할 수 있는 가장 철저하고 또 신학적으로 풍부한 내용을 다루고 있다. 이 통찰들을 좀 검토할 때, 그와 같은 영감을 받은 신학을 위한 토양을 확실하게 준비한 신학자들의 흔적을 보게 될 것이다.

신학적 인간학의 핵심 쟁점은 신-인간 관계를 이해하려는 시도다. 앞에서 보았듯이, 중세 이래로, 초자연과 자연, 은총과 본성이 마치 완전히 분리된 두 실체이기나 한 것처럼 첨예하게 구별하는 경향이 있었다.

---

95) 교황 요한 23세, 「지상의 평화」, 『사회 교리에 관한 교회 문헌, 교회와 사회』(한국천주교중앙협의회, 1994), 246-290: Pope John XXIII, Pacem in Terris, in The Papal Encyclicals 1958-1981, ed. Claudia Carlen, IHM(Faleigh, NC: Pierian Press, 1990), 107-29.
96) Potworowski, *Contemplation*, 174.

이러한 사유 노선에서는, 은총은 인간 본성에 "보태진" 어떤 것이 된다. 그런 접근은 인간을 이원론적으로 이해하기 위한 문을 연다. 영적인 모든 것, 예컨대 은총은 선하고, 또 물질적인 모든 실체, 예컨대 인간 본성은… 글쎄, 악하지는 않다 하더라도 확실히 덜 선하다는 것이다. 은총과 본성의 이런 분리는 제2차 바티칸 공의회 이전 수십 년 동안에 믿는 이들에게 심각한 영향을 미쳤다. 우리는 단지 결코 온전히 선할 수가 없다. 우리는 "하늘에 계신 아버지께서 완전하신 것처럼 완전할"[97] 수가 결코 없다. (우리가 인식하듯이) 하느님과 우리 사이의 이 큰 갭은 엄청난 죄의식과 좌절로 이어졌다. 그리고 은총을 얻을 수 있는 어떤 "사물"로 볼 때, 그것은 또한 잃을 수 있는 어떤 "사물"이 된다. 그래서 우리는 중죄를 지으면 하느님을 "잃을" 수 있다고 믿게 됐다.

신-인간 관계에 대한 이러한 이원론적 접근은 제1차 바티칸 공의회와 제2차 바티칸 공의회 사이의 시기에 꽃을 피웠다. 하지만 신학계 일부에서는 다른 뭔가가 일어나고 있었다. 은총-본성 관계에 대한 새로운 이해가 "신 신학자들", 앙리 드 뤼박과 카를 라너 같은 사람들에 의해 제시되고 있었던 것이다. 제1장에서 주목했듯이, 드 뤼박은 본성이 초자연을 위해 만들어졌다고 확신했다. 또, 라너에 따르면, "인간의 자기 체험은 언제나 하느님 체험이다."[98] 그리고 앞에서 라너를 논하면서 보았듯이, 라너는 은총을 본성에 "추가된" 그 무엇이라고 이야기하기보다

---

97) 마태 5,48.

"은총을 입은 본성" 에 관해 이야기하기를 더 좋아했다.

같은 맥락에서, 존 헨리 뉴먼은 인간에게는 영혼과 그 영혼을 지어내신 하느님과의 관계를 위한 능력이 있다고 설파하고 있었다.[99] 그리고, 인간 조건을 구성하는 결정적 요소에 관해, 일찍이 1921년에 로마노 과르디니는 "하느님의 호출" 이라고 답변했다.[100]

이들 신학자들이 주장하고 있던 핵심을 이렇게 말할 수 있다. "하느님은 어떤 인간 영혼에게도 낯선 분으로 오시지 않으신다. 그리스도의 은총은… 그 은총을 받아들일 준비가 되어 있는 집에 거처하기 위해 온다. … 그분은 원초부터 신적 접촉과 관계가 있는 어떤 것을 모든 인간에게 부여하셨다."[101] 혹은 라너가 아주 간결하게 기술했듯이 "하느님은 인간에게 낯선 용어가 아니다."[102] 성 아우구스티노의 유명한 말이 떠오른다. "하느님은 내가 내 자신에게 친밀한 것보다 내게 더 친밀하시다."

이런 신학적 인간학은 '인간은 하느님에 의해, 하느님을 위해 창조됐다.' 는 확고한 신학적 원리에 근거한다. 우리는 우리의 본성 바로 그 안에 초자연적인 것을 받아들이는 능력을 지니게끔 창조됐다. 창조의 순

---

98) Karl-Heinz Weger, *Karl Rahner: An Introduction to His Theology*(New York: Crossroad/Seabury Press, 1980), 55.
99) John Coulson and A. M. Allchin, eds., *The Rediscovery of Newman: An Oxford Symposium*(London: SPCK, 1967), xviii.
100) Robert A. Krieg, CSC, *Romano Guardini: A Precursor of Vatican II*(Notre Dame, IN: University of Notre Dame Press, 1997), 175.
101) Edward Quinn, "Renewal of Theology", *Downside Review* 74(October 1956), 289-301, at 294.
102) Weger, *Karl Rahner*, 55.

간에, 하느님께서는 단지 당신 자신에 관한 진실들을 우리에게 주고 계시는 것이 아니다. 우리는 하나의 현존을 받는다. "주시는 분 그 자신이 바로 그 선물이다."[103]

신-인간 관계에 대한 바로 이런 접근은, 세월이 지나 제2차 바티칸 공의회의 문헌들, 특히 「기쁨과 희망」에서 표현됐다. 과르디니의 말과 아주 비슷하게 들리는 제19항은 이렇게 진술한다. "인간 존엄성의 빼어난 이유는 하느님과 친교를 이루도록 부름 받은 인간의 소명에 있다."[104] 이런 사유의 더 많은 증거는 14항에서 발견된다. 14항은 인간의 내적 특성에 관해 언급하면서 인간이 "마음속으로 돌아갈 때 이 깊은 내면성을 찾는 것이고, 거기에서 속마음을 들여다보시는 하느님께서 인간을 기다리고 계신다."[105]고 주장한다.

은총에 관해 이와 같이 이야기하는 것은 오늘날 신학계에서는 흔하다. 신학자들은 "매개된 직접성"에 관해 이야기한다. 나는 나의 바로 그 존재 영역에서 하느님을 "직접" 체험한다. 하느님은 내 존재의 핵심에 계시기 때문이다. 하지만 이 체험을 내가 의식하는 한, 그것은 "매개된" 체험이다.[106] 그런데 이런 사유는 제2차 바티칸 공의회 이전 수십 년 동안에는 그렇게 흔치 않았다. 분명히, 우리가 살펴본 그 신학자들은 새로운 돌파구를 열고 있었고, 그로 인해 고난을 겪었으며, 제2차 바티칸 공

---

103) John P. Galvin, "The Invitation of Grace", in *A World of Grace*, ed. Leo J. O'Donovan(New York: Crossroad, 1981), 64-75, at 66.
104) 「기쁨과 희망」 19항.
105) 「기쁨과 희망」 14항.

의회에서 교부들이 이렇게 신학적으로 풍부한 인간학을 채택했을 때 마침내 정당성을 입증 받았다.

신학적 인간학의 열쇠 그리스도

「기쁨과 희망」은 많은 신 신학자들이 제안하는 신학적 인간학의 또 다른 측면에 대한 증거를 제공한다. 그것은 예수 그리스도가 인간 조건을 이해하는 궁극적 열쇠라는 것이다. 41항은 이 점을 탁월하게 요약하고 있다.

> 하느님의 신비를 밝혀주는 것이 교회에 맡겨진 사명이므로, 교회는… 인간에 대한 깊은 진리를 밝혀준다. 참으로 교회는, 오로지 자신이 섬기는 하느님께서만 지상의 양식으로는 완전히 채워지지 않는 인간 마음의 가장 깊은 열망을 충족시켜 주심을 잘 알고 있다. … 인간을 당신 모습대로 창조하시고 죄에

---

106) Dermot A. Lane, *Experience, God and Theology*(New York: Paulist Press, 1981), 16을 보라. "우리가 체험으로 하느님을 묵시적으로 이미 알지 못한다면, 우리는 하느님에 대한 질문을 꺼내기 시작할 수조차 없을 것이다. 우리가 체험으로 하느님을 명시적으로 발견할 때 우리는… 줄곧 있었던 것을 확인하고 있는 것이다. 여기서 핵심은 인간 체험의 종교적 차원을 통해 통교되는 하느님의 세계 내 현존이 특전을 받은 극소수 사람만 직접 체험할 수 있는 현존이 아니며, 단순히 논리적 연역을 통해 배운 이들에게 전해지는 현존도 아니라는 것이다. 대신, 하느님의 세계 내 현존은 모든 이들이 다가갈 수 있는 현존이다."

서 구원하신 하느님 홀로 이러한 문제에 완전한 해답을 주신다. 하느님께서는 사람이 되신 당신 아들 안에서 계시를 통하여 그 해답을 주신다.[107]

궁극적인 인간학적 물음 - 인간이란 무엇인가? - 을 다루는 유사한 대목인 제10항에서는 이렇게 응답한다. "교회는 인류 역사 전체의 관건과 중심과 목적을 자신의 스승인 주님 안에서 찾는다. … 그리스도의 빛 아래에서 공의회는 인간의 신비를 밝히고… 나누고자 한다."[108]

이와 관련, 카를 라너는 예수 그리스도를 "절대적 구원자"[109]라고 지칭한다. 이 주장에 대한 라너의 토대는 다음과 같다. 예수 그리스도의 삶과 죽음과 부활을 통해 전 인류의 구원 가능성이 현실이 되기 때문이라는 것이다. 「기쁨과 희망」 22항은 이 주장을 뒷받침한다. "하느님의 아들이신 바로 그분께서 당신의 강생으로 당신을 모든 사람과… 결합시키셨다.[110]

신 신학자들의 상당수가 그들의 신학적 성찰에 있어서 견고한 그리스도론적 접근을 발전시켰다. 일찍이 1929년에 로마노 과르디니는 예수 그리스도를 그리스도교의 정수라고 언급했다. 과르디니는 교회 가르침의 유의미성과 그리스도교적 삶의 의미를 인정했다. 하지만 그는 그리

---

107) 「기쁨과 희망」 41항.
108) 「기쁨과 희망」 10항.
109) Weger, *Karl Rahner*, 164.
110) 「기쁨과 희망」 22항.

스도교의 바로 그 중심에는 예수 그리스도 - 그의 실존과 그의 활동과 그의 운명 - 가 있다고 주장했다.[111] 과르디니의 그리스도론 초점이 더 한층 유의미성을 띠는 것은 신학이 주로 예수 그리스도의 신적 본성에 초점을 맞추던 때에, 과르디니는 그리스도의 인간성을 재발견하기 위해 부지런히 작업하고 있었기 때문이다. 「기쁨과 희망」이 주장하듯이, 예수 그리스도가 참으로 인류의 물음들에 대한 답이시라면, 그때 그분의 인간적 본성의 실재는 믿는 이들에게 극히 중요한 이슈가 된다.

토착화

「기쁨과 희망」에는 귀납적 접근 방법을 시사하는 것들이 많다. 인간을 핵심적 숙고 대상으로 삼으면서, 공의회 교부들은 또한 인간 문화를 새롭게 고려하기 위한 문을 열었다. 이것은 강생 신학에 딸린 귀납적 방법의 직접적 결과였다. 하느님 말씀이 특정 장소와 특정 시간에 인간 조건을 취하신 것과 마찬가지로, 교회 또한 다양한 장소와 시대와 사람들에게 육화해야 한다. 가톨릭(catholic, 보편적)이라는 바로 그 말이 이를 필요로 한다. 가톨릭은 전 인류를 위한 보편적 메시지를 가지고 있다고 주장한다. 그러므로 그리스도교 이야기는 모든 문화에 뿌리를 내리고 번성

---

111) Romano Guardini, *Das Wesen des Christentum*(Wurzburg: Echter, 1938), 5 and 68. 이 본문은 1929년에 처음 보였다.

할 수 있어야 한다. 그리고 그 일은 주어진 문화의 개별 요소들을 존중하는 방식으로 이뤄져야 한다.

하지만, 교회 역사는, 특별히 중세 이래로 계속해서, 언제나 인간 문화와 건강한 관계를 보여주지만은 않았다. 다른 문화들을 참으로 복음화하려는 시도들은 기대만큼 성공적이지 않았다. 그 탓은 개별 문화들에 있는 것이 아니라 교회의 방법에 있다. 역사를 거쳐 오면서, 교회는 로마 교회를 중심에 두는 지나치게 중앙 집중적 관점의 구조로 발전했다. 전체 교회가 로마 교회와 동일시됐다. 이를 기업 모델에 비길 수도 있을 것이다. "본점"은 로마이고, 세계 도처에 있는 다양한 지역 교회들은 "지점" 혹은 가맹점에 비견된다. 로마의 언어와, 전례와 관습들은 모든 교회들을 위한 규범으로 여겨졌다. 그것은 마치 로마 교회가 여러 번에 걸쳐 복제된 것 같았다. (우리는 여기서 로마 교회와 친교 안에 머무른 동방 교회들의 중요성을 주목해야 한다. 동방 교회들은 서방 라틴 교회와 다른 전통들을 유지한다는 점에서 대단히 소중했다.) 하지만 서방 교회의 기업 모델은 당연히 교회의 선교 활동에 영향을 미쳤다. 그것은 잠재적 개종자들이 그리스도교를 받아들인다는 것은 그들의 고유한 문화를 포기하고 로마가 강요한 서구 중심의 시각을 받아들이는 것까지 포함한다고 여기게 됐음을 의미했다.

「기쁨과 희망」은 이러한 복음화 모델로부터의 큰 이탈을 나타낸다. 「기쁨과 희망」은 인간성과 개별 문화의 신성한 연관을 인정한다. 44항은 이렇게 밝힌다. "지난 여러 세기의 경험, 학문의 진보, 인간 문화의 다양한 형태 속에 숨어 있는 보화들은 인간 자신의 본성을 더욱 충만하게 밝혀주고, 진리를 찾는 새로운 길을 열어 주며, 교회에 도움이 된다."[112] 이 조항은 계속해서 복음을 모든 이들의 필요에 맞출 필요성에 관해 이야기하고는 대담하게 이렇게 진술한다. "이렇게 하여 실제로…여러 민족 문화와 교회 사이의 활기찬 교류가 증진된다."[113] 주로 제2차 바티칸 공의회 이전의 선교적 접근 방법에 친숙한 사람이라면 누구에게나, 이것은 참으로 놀라운 주장이었다. 이 문헌 뒷부분에 나오는 문화의 수용도 마찬가지로 충격적이다. "인간은 오로지 문화를 통하여…참되고 완전한 인간성에 이른다. … 인간 생활이 다루어질 때마다 자연과 문화는 매우 밀접히 연결된다."[114] 마태오 리치Matteo Ricci, 로베르토 데 노빌리(Robert de Nobili, 1677~1656, 이탈리아 출신의 인도 선교사) 같은 이들을 비롯해 공식 교회가 찬성하기 훨씬 전에 이러한 선교 이해를 지지했던 과거의 선교사들은 제2차 바티칸 공의회의 문화 이해에, 특별히 "문화의 다원성"[115] 인정에 아주 기뻐했을 것이다. 이것이 최선의 귀납적 신학이다. 이 세상 현실들을 진지하게 여기고 또 존중하기를 거부한다면, 교회가 달리 어떻게 인간 세상에 기쁜 소식을 전할 수 있는가? 그렇지만 공의회 교부들은 문화의 가치에 대한 균형 잡힌 관점을 신중하게 제시했다. 궁극적 규범은 언제나 복음 자체다. 그래서 교부들은 이

---

112) 「기쁨과 희망」 44항.
113) 「기쁨과 희망」 44항.
114) 「기쁨과 희망」 53항.
115) 「기쁨과 희망」 53항.

렇게 상기시킨다. "교회는… 어떠한 민족이나 국가에든, 또 어떠한 특정 풍속이나 고금의 어떠한 관습에도 불가분의 배타적 관계로 얽매이지 않는다."116)

믿을 근거들

공의회 교부들이 연역적 방법론에서 귀납적 방법론으로의 패러다임 전환을 어떻게 받아들였는지를 보았다. 이제 신학 방식을 바꾼 그 전환에 대해, 곧 호교적 가르침 양식에서 토대적 가르침 양식으로의 전환에 대해 간략히 논의한다.

가톨릭 신자들은 과연 성장하고 있었다. 권위에 의한 논증은 신앙을 가르치는 데에 더는 합당한 방식이 아니었다. 가톨릭 신자들은 믿을 근거들을 필요로 했다. 그들은 교리문답을 암기해 외운 답변 너머로 옮겨가 자신들이 믿는 것과 왜 그것을 믿는지에 관해 합의를 봐야 했다. 공의회 교부들은 이렇게 동의했다. "우리는 당연히 삶의 의미와 희망의 근거를 다음 세대에 물려줄 수 있는 사람들의 손에 인류의 미래 운명이 놓여 있다고 생각할 수 있다."117)

제2차 바티칸 공의회 이전 수십 년 동안, 신학자들은 바로 이런 주장을

---

116)「기쁨과 희망」 58항.

개진하고 있었다. 그들은 단순히 신앙 진리의 선포를 강조하는 데서 그 진리의 이해를 강조하는 데로 옮겨가고 있었다. 그렇다 하더라도, 유한한 인간의 능력으로는 온전히 파악할 수 없는 그리스도교 진리들이 있다. 예를 들자면, 삼위일체와 부활이 그렇다. 하지만 이들 신학자들이 제시하고자 한 핵심은 이것이다. 곧 그리스도교 이야기는 근거가 있다는 것이다. 의미가 있다는 것이다. 인간 조건의 가장 깊은 욕구를 건드린다는 것이다. 그리고 "이해를 추구하는 신앙" Fides quaerens intellectum이라는 성 안셀모의 유명한 진술을 따라, 이들 예언자들은 바로 그 일 - 신앙 행위를 근거 있게 만드는 일 - 을 하고 있었다. 그들은 믿을 근거들을 제시하고 있었다. 사람들은 자신이 알지 못하는 것에 마음과 영혼과 정신과 몸을 바치지는 않는다. 이는 제2차 바티칸 공의회 이전 수십 년 동안에 점점 더 분명해지고 있었다. 뭔가 주목할 만한 일이 신학 분야에서 일어나고 있었다. 신학을 하는 방식에서만이 아니라 신학자의 과제 자체를 이해하는 방식에서도 변화가 일어나고 있었다.

   제1차 바티칸 공의회와 제2차 바티칸 공의회 사이의 시기에, 신학을 위한 원천은 교회의 공식적 가르치는 직무, 곧 교도권Magisterium이었다. 그것은 교황 회칙들과 교도권의 발언에 토대를 둔 신학이었다. 어떤 의미에서, 가톨릭 신학은 "시간에 제약을 받지 않은 진리들의 비역사적 체계"[118]에 갇혀 있었다. 앞의 논의에서 보았듯이, 그런 상황에서는 신

---

117) 「기쁨과 희망」 31항.

학자의 과제가 공식 가르침의 대변인에 불과한 것처럼 보이기 십상이다. 그런 신학자는 단지 다른 사람을 위해 교도권의 가르침을 명료화할 뿐이다. 하지만 점점 더 많은 신학자들이 여기에 만족하지 못하고 있었다. 존 헨리 뉴먼처럼, 그들은 가톨릭이 "힘이 아니라 이성에 의해"[119] 옹호돼야 한다고 확신하게 됐다. 이브 콩가르처럼, 그들은 "권위가 진리를 만드는 것이 아니라 진리가 권위를 판단한다"[120] 고 이해하게 됐다. 튀빙겐 신학자 요한 세바스티안 폰 드라이처럼, 그들은 신학자의 새로운 역할을 알게 됐다. 드러나야 하는 것이 그리스도교 교리의 특징적 추진력이기 때문이다. 그래서 "신학의 목표는 유지만이 아니라 또한 증진이다."[121] 그리고 카를 라너처럼, 그들은 "신학이 현대 세계에서 존중받고…그리스도인의 신앙과 삶에 봉사하도록"[122] 하는 것이 절대로 필요하다는 데 동의했다. 라너는 신앙에 관한 전통적 가르침이 현대 세계에서 인간의 자기 체험 앞에서 검증받아야 한다고 확신했다. 이들 신학자들은 그리스도교 신앙이 세상 사람들의 갈망들과 질문들에 어떻게 대

---

118) Daniel O'Hanlon, "Concluding Reflections", in *Current Trends in Theology,* eds. Donald Wolf, SJ, and James Schall, SJ(Garden City, NY: Doubleday and Company, 1965), 271-77, at 273.
119) Ian T. Ker, "Newman and the Postconciliar Church", in *Newman Today,* Vol. 1, 1988 Proceedings of the Wetherfield Institute, ed. Stanley L. Jaki(San Francisco: Ignatius Press, 1989), 121-41, at 126, from Newman's *Letters and Diaries,* Vol. XX, 477.
120) Jean-Pierre Jossua, OP, *Yves Congar: Theology in the Service of God's People*(Chicago: Priory Press, 1968), 52.
121) Michael Himes, "The Development of Ecclesiology: Modernity to the Twentieth Century", in *The Gift of the Church,* ed. Peter C. Phan(Collegeville, MN: Liturgical Press, 2000), 45-67, at 56.
122) William V. Dych, "Theology in a New Key", in *A World of Grace,* ed. Leo J. O'Donovan(New York: Crossroad, 1981), 1-16, at 2.

답하는지를 신학자들이 보여줄 필요가 있다고 믿었다.

그들의 목소리가 들리는 듯했다. 제2차 바티칸 공의회 개막 연설에서, 교황 요한 23세는 토대적 가르침 양식을 확실하게 받아들인 것이다. 그는 이렇게 선언했다. "교회는 단죄보다는 교회 가르침의 타당성을 증명함으로써… 엄격함의 약보다는 자비의 약을 사용하기를 더 좋아합니다."[123] 「기쁨과 희망」은 이 주장을 뒷받침했다. "공의회는… 현대 세계에서 교회의 현존과 활동을 스스로 어떻게 생각하는지 모든 이에게 밝히고자 한다."[124] 공의회는 **밝히고자** 한다. 이것은 정말 주목할 만한 발전이었다.

과연, 신학은 변화했다. 신학자의 과제도 바뀌었다. 발터 카스퍼 추기경은 현대 신학자들의 자유에 관해 논의하면서 이렇게 주목했다. "오늘날 신학은 더욱 깊고 더욱 신랄한 질문들을 감히 물어야 한다. … 신학은 진실해져야 한다. '신앙은 이해를 추구한다.' (fides quaerens intellectum)"[125]

---

123) 교황 요한 23세, "제2차 바티칸 공의회 개막 연설", 1962년 10월 11일.
124) 「기쁨과 희망」 2항.
125) Walter Kasper, *The Methods of Dogmatic Theology*, trans. John Drury(New York: Paulist Press, 1969), 64.

새로운 역사 의식

이제 제2차 바티칸 공의회로 이어지던 시기에 신학의 변화에 관여한 세 번째 패러다임 전환을 다룬다. 그것은 고전주의적 전망에서 역사적으로 의식하는 전망으로의 세계관 전환이었다. 제2차 바티칸 공의회 이전의 지배적 세계관은 분명히 고전주의적이었다. 고전주의적 세계관은 진리를 정적이고 불변하는 것으로, 또 실제로 역사에 영향을 받지 않는다고 보았다. 진리는 고정되고 확실한 명제들에 담겨 있으며, 그래서 한 세대에서 다른 세대로 다소 동일한 방식으로 명료하게 전달될 수 있다. 역사적 의식은 진리들의 전달에 아주 다른 접근 방식을 취한다. 역사적 의식은 역사의 역할을 긍정적으로 평가한다. 역사적 의식은 신학적 진리의 모든 표현들이 역사적으로 제약 받을 뿐 아니라 역사의 한 구체적 시점의 산물이기에 그 시점에 의해 영향을 받는다는 것을 인정한다. 진정으로 역사적으로 의식하는 접근은, 절대적인 것이 없다는 입장인 상대주의에 떨어지지 않는다. 계시 진리들은 변하지 않는다. 하지만 사람들이 이 진리들을 이해하고 표현하는 그 방식은 특정한 그 시기를 반영한다. 계시 진리들은 성장하고 발전한다. 인간의 자기 이해 자체가 성장하고 발전하는 것과 똑같이, 인간의 계시 파악도 성장하고 발전한다. 이것은 고전주의적 접근이 아무런 가치도 없음을 말하려는 것이 아니다. 명확하고자 하는 바람, 엄밀한 명료화, 그리고 객관적 차원 등은 고전주의적 접근의 강점들일 것이다. 역사적으로 의식하는 관점은 바로 이러한 긍정적 요인들을 통합하고자 주의를 기울여야 한다.

어떻게 교회는 고전주의적 사유 방식에서 역사적으로 의식하는 사유 방식으로 옮겨갔던가? 앞으로 보겠지만, 역사적으로 의식하는 사유 방식은 제2차 바티칸 공의회 신학에서 본향을 발견한다. 이 질문에 대한 답변은 공의회 이전 시기에 활동하던 저 신 신학자들이 제시한 많은 주목할 만한 신학적 통찰들에서 찾을 수 있다. 이들 신 신학자들은 신학을 하는 토대인 원천들로 돌아가야 풍성한 수확을 낳을 것이라고 확신했다.

역사에 대한 새로운 이해는 이들 신학자들에게 극히 중요한 구성 요소였다. 독일 튀빙겐 신학파는 이 쇄신을 위한 큰 센터들 가운데 하나였다. 튀빙겐 학파 신학자들은 역사란 구원 계획이 성장하고 드러나는 무대라고 여겼다. 우리가 하느님 나라의 실현을 향해 움직이고 있기 때문이라는 것이다. 역사의 가치에 대한 이런 강조는 확실히 제2차 바티칸 공의회 이전 시기에 저 신 신학의 핵심 요소였다.

그것은 존 헨리 뉴먼 신학의 핵심임이 분명했다. 뉴먼은 신앙이 활력을 유지하려면, 특정한 시기에 특정한 장소에 있는 특정한 사람들의 필요를 충족시키려면 살아 있는 교회가 "때때로 자신의 신앙을 새로운 방식들로 명료화해야 하리라."[126] 는 것을 알았다. 실제로, 뉴먼의 가장 잘 알려진 저작 가운데 하나가 「교리 발전에 관한 에세이」이다.[127] 이 저작

---

126) Avery Dulles, SJ, *Newman*(London and New York: Continuum, 2002), 74.

에서, 뉴먼은 신앙 이해에 있어 새로운 통찰들이 꼭 왜곡은 아니며 올바른 발전일 수 있음을 설명하고자 했다. 이 개념에 대해 이야기하는 데 종종 '양파'의 예가 사용된다. (때로는 단순함이 최상이다.) 우리는 계시의 기본 진리들이 양파의 중심에 있다고 상정할 수 있다. 그리고 저마다 독특한 물음과 관심사를 갖고 있는 각 세대의 과제는 양파의 켜를 벗겨내, 원한다면, 더 많은 빛이 알맹이의 풍요로움을 비추도록 하는 것이다. 뉴먼은 또한 주어진 어떤 발전이 적합한지를 식별하는 데에 사용되는 수많은 "평가 기준"을 제시했다는 점도 주지돼야 한다. 19세기 말에 이르러서는, 교리 발전에 대한 이런 관념이 가톨릭교회 안에서 널리 받아들여졌음을 주목하는 것 또한 중요하다.

제2차 바티칸 공의회로 이어지는 시기에 많은 신 신학자들은 신앙을 역사에 영향을 받는 살아 있고 발전하는 유기체로 보는 이런 관념을 받아들였다. 세뉘에게, 강생은 단지 2000년 전에 단 한 번 최종적으로 일어난 것이 아니라 역사를 통해 계속 이어진다. 그는 역사의 매 시기마다 교회는 새로운 방식으로 세상에 현존하도록 요청받고 있다고, 모든 변화는 저마다 새로운 강생을 필요로 한다고 주장했다. 세뉘가 좋아하는 주제 가운데 하나가 "하느님은 오늘 말씀하신다."[128] 인 것은 아마 이런 이유에서일 것이다. 우리는 구체적인 역사적 환경들을 진지하게 받아들여야 한다. 하느님 말씀이 그 안에 현존하기 때문이다.

---

127) John Henry Newman, *Essay on the Development of Doctrine* (London: Pickering, 1878).
128) Potworowski, *Contemplation*, 195.

콩가르도 교리의 지속적 발전과 이해에 대해 똑같이 평가했다. 그에게, 구원 계획은 고정되고 정적인 것이 아니다. "시간 속에 들어와 점차적으로 그 의미와 가치를 드러내는 일종의 역사이며 발전이다."[129] 콩가르는 이미 충만함을 담고 있지만 발전 단계들을 거친 후에야 완성에 이르는 씨앗의 은유를 사용했다.[130]

신학적 진리의 성장과 발전에 대한 이러한 이해는 실제로는 더욱 깊은 한 진리에 근거하고 있다. 그것은 그리스도교의 하느님은 신비로 가장 잘 묘사된다는 진리다. 라너는 이 둘 의 관계를 다음과 같이 탁월하게 표현했다. "신비는 내가 알 수 없는 것이 아니다. 신비는 내가 다 파헤치지 못하는 것이다."[131]

제2차 바티칸 공의회가 이렇게 역사적으로 의식하는 세계관을 포용하리라고 처음으로 감지된 것은 어쩌면 요한 23세의 공의회 개막 연설에서였다. 요한 23세는 개막 연설에서 예로부터 이어오는 신앙의 유산과 그것이 각 세대에 표현되는 방식을 구별했다.[132] 여러 면에서, 이 개막 연설은 제2차 바티칸 공의회의 마지막에 궁극적으로 드러난 공의회 문헌들의 색조를 결정했다. 이는 확실히 「기쁨과 희망」에 해당된다. 「기쁨과 희망」은 교황이 개막 연설에서 한 그 구별을 인용한 것이다.[133]

---

129) Jossua, *Yves Congar*, 110.
130) Jossua, *Yves Congar*, 111.
131) Michael Buckley, "Within the Holy Mystery", in A World of Grace, ed. Leo J. O'Donovan(New York: Crossroad, 1981), 31-49, at 40.
132) 교황 요한 23세, "제2차 바티칸 공의회 개막 연설", 1962년 10월 11일.

「기쁨과 희망」에 나오는 이 특정 대목에는 또한 자신들의 예언자적 통찰이 여러 해 동안 공식 교회의 일부 지도자들에 의해 일축 당했던 신학자들에게 틀림없이 큰 기쁨을 가져다주었을 진술도 들어 있다. 공의회 교부들은 현대성이 제기한 질문들을 진지하게 받아들일 필요성을 인정하고 이렇게 주장했다.

> 과학, 역사학, 철학의 최근 연구와 발견은 새로운 문제들을 일으키고 있으며, 이 문제들은 실생활에도 영향을 미치고 신학자들에게도 새로운 연구를 요구한다. 그뿐 아니라 신학자들은 또한 신학의 고유한 방법과 요구를 따르면서도 언제나 동시대인들에게 교리를 전달하는 더 적절한 방법을 찾도록 요청받고 있다.[134]

역사적으로 의식하는 세계관을 인정하는 또 다른 언명은 「기쁨과 희망」 앞부분에 있다. "인류는 정적인 세계관에서 더욱 역동적이고 발전적인 세계관으로 넘어가고 있다."[135]

신학은 사실에 대한 고립된 진술을 하는 것에 관한 것이 결코 아니다. 신학적 표현들은 모두 저마다 잠재적 함의들로 풍부하다. 「기쁨과 희

---

133) 「기쁨과 희망」 62항.
134) 「기쁨과 희망」 62항.
135) 「기쁨과 희망」 5항.

망」이 새로운 세계관을 받아들인 것은 좋은 본보기다. 이 문헌 끝 부분에서 공의회 교부들은 대단히 의미심장한 발언을 했다. "교회 안에서 이미 공인된 교리를 밝히더라도, 끊임없이 발전하고 있는 문제들을 다룬 경우가 드물지 않으므로, 앞으로도 계속 연구하고 발전시켜 나가야 할 것이다."[136] 이런 진술의 중요성을 주석가들도 놓치지 않는다. 교회 사학자 존 오맬리John O' Malley, SJ는 교회사상 처음으로, 이 교회 회의가 자신의 한계를, 자신들이 하고 있는 말이 최종적이 아님을 의식하는 것으로 보였다는 점을 주목했다.[137] 이브 콩가르 또한 교회 역사의 이 중대한 순간에 개입한다. 「기쁨과 희망」이 밝히듯이, 2차 바티칸 공의회에서 제시한 구상들을 계속 연구 발전시켜 나가야 한다면, "여기서 개혁은 교회 생활의 구조를 새로운 상황에 기꺼이 적응시키는 일이 될 것"[138] 이라고 콩가르는 밝혔다.

　기꺼이 적응시키는 일은 초기 교회에 아주 중요했다. 신약성서가 이 사실을 증언한다. 신앙의 핵심 진리들에서는 일치해 있었지만, 초기 그리스도교 공동체들은 공동체의 "상황"에 따라 차이가 났다. 예를 들어 로마라는 지역 교회는 에페소, 코린토, 예루살렘 등과 같은 다른 지역

---

136) 「기쁨과 희망」 91항.
137) John O'Malley, SJ, "Reform, Historical Consciousness and Vatican II's Aggiornamento", *Theological Studies* 32(1971), 573-601; Timothy O'Connel, "Vatican II: Setting, Themes, Future Agenda", in *Vatican II and Its Documents: An American Appraisal,* ed. Timothy O'Connell(Wilmington, DE: Michael Glazier, 1986), 237-55, at 244에서 재인용.
138) Jossua, *Yves Congar,* 115.

교회들과 달랐다. 새로운 관심사와 질문이 제기되면서, 지역 교회들은 그런 필요에 대처하기 위한 구조들을 발전시켰다. 이런 의식은 신학을 하는 토대로서 신 신학자들이 주장한 "원천으로 돌아감"에서 얻은 가장 큰 도움 중 하나였다.

결론

교회의 세상 이해 역사, 교회의 현대성 이해 역사는 복잡한 역사다. 하지만 제2차 바티칸 공의회 이전 수십 년 동안, 세상을 보는 교회의 관점은 긍정적이지 않았다고 말하는 것이 공정하다. 이 장에서는 신학에서 일어난 여러 변화들, 현대 세계를 바라보는 우리의 방식을 고양시킨 그 변화들을 제2차 바티칸 공의회가 어떻게 반영했는지를 제시하고자 했다.

이 변화들은 그 시기에 나타나고 있던 일정한 패러다임 전환에 따른 것이었다. 그 패러다임 전환들을 다루면서, 신학적 노력으로 성령의 현존에 맞춘 여러 뛰어난 신학자들이 현대 세계, 교회와 역사를 공유하는 세상을 이해하는 방식에 대단히 의미심장한 변화를 어떻게 가져다주었는지를 제시했다. 우리는 세상을 진실한 대화 파트너로 보게 됐다. 이 예언자적 목소리들의 충실성은 그들의 길에 놓인 많은 장애들을 극복했다. 그들의 진리 추구 그리고 그 진리를 명료하게 제시하려는 그들의 갈망이 교회 역사에서 믿기지 않는 때가 도래하도록 한 것이다. 그리고 어쩌면, 이 위대한 신학자들이 제2차 바티칸 공의회를 위해 치른 그 대가를 우리는 결코 온전히 다 알지 못할 것이다.[139] 게다가 예언자가 된다는 것은 하느님을 대신해서 말하는 것인데, 결코 쉬운 과제가 아니다.

현대 세계의 교회에 관한 사목 헌장 「기쁨과 희망」은 단연 제2차 바티칸 공의회의 가장 중요한 문헌들 가운데 하나다. 사목이라는 단어를 사용함으로써, 공의회 교부들은 신앙의 진리들을 현대 사람들에게 말을 건네는 방식으로, 그들의 어려움들을 진지하게 받아들이고 그들의 질문들에 대답하려고 노력하는 방식으로 제시하고자 했다. 하느님께서 창조하시고 지탱하시는 세상이 본래 선하다는 것을 받아들이면서, 「기쁨과 희망」은 세상을 바라보는, 세상을 가꾸는, 세상에 봉사하는 새로운 방식을 우리에게 제공했다. 앞에서, 제2차 바티칸 공의회 끝에 나온 한 에세이를 언급했다. 교회와 세상의 관계를 다룬 이 에세이의 결론 부분을 반복해도 좋을 것이다.

> 중세 교황들이 왕들과 제후들에게 이야기할 때, 왕들과 제후들은 경청하고 복종했다. 아니면 파문의 위험을 무릅써야 했다. 교황 바오로 6세와 그의 주교들이 대통령들과 수상들에게 한 말에는 그런 위협이 전혀 없다. 사도들이 로마 제국의 총독

---

139) Jossua, *Yves Congar*, 33.

들에게 한 말도 마찬가지였다. 그래서 교회가 자신이 발원한 그 복음의 구속받지 않은 단순함에로 영적으로 돌아갈수록, 세상이 다시 교회 목소리에 더 유의하게 될 것이다.[140]

---

140) "How Vatican II", p. 25.

3. 교회가 평신도를 보다

제2차 바티칸 공의회 이전 교회 안의 평신도

교회와 평신도의 관계에 한 장 전체를 할애하는 것이 이 시대 독자들에게는 이상할지 모른다. 어쨌든, 지난 40년 동안 우리는 교회를 "하느님 백성"이라고 불러오지 않았던가. 분명히, 제2차 바티칸 공의회 이후 평신도는 교회 삶에서 중요한 지위를 누려왔다. 전에는 교회에서 일차적 복음 선포자들이었던 사제 및 수도자 성소가 감소하면서, 평신도가 이제는 다양한 교역敎役에 종사하고 있다.

하지만 언제나 그런 것은 아니었다. 이 책에서, 우리는 제2차 바티칸 공의회 이전 시기를 검토하면서 제2차 바티칸 공의회에 이르는 길을 연 신학적 발전들을 논의하고 있다. 그리고 이 장에서는 교회 안에서 평신도 자리에 대한 역사와 제2차 바티칸 공의회로 이어지던 그 시기에 평신도들이 어떻게 여겨졌는지를 간략히 살펴본다. 또 평신도 역할을 개선하기 위한 "신 신학자들"의 노력을 살펴보고, 참다운 평신도 신학을 위한 토대 역할을 하는 몇 가지 신학적 원리들을 제시한다. 그리고 마지막으로, 이러한 신학적 노력들과 원리들이 어떻게 궁극적으로 제2차 바티칸 공의회 문헌들에서, 특히 「인류의 빛」(교회에 관한 교의 헌장), 「기쁨과 희망」(현대 세계의 교회에 관한 사목 헌장) 그리고 「사도직 활동」(평신도 사도직에 관한 교령)에서 본향을 찾았는지를 제시한다.

목소리를 찾기 위한 투쟁

19세기 중엽에 평신도 역할에 관해 질문을 받았을 때, 교황 비오 9세의 비서로서 봉직한 영국 출신의 교황청 관리 조지 탈봇George Talbot 몬시뇰은 이렇게 응답했다. "사냥하는 것, 사격하는 것, 접대하는 것, 이런 문제들을 평신도들은 이해한다. 하지만 평신도들은 교회 문제에 간섭할 권리가 전혀 없다."[141] 이 인용문은 제2차 바티칸 공의회로 이어지던 시기에 교회 안에서 평신도들이 어떻게 여겨졌는지를 잘 나타낸다. 성직자와 평신도, 성과 속, 영원과 현세 사이에는 뚜렷한 구분이 있었다. 이 구분의 시초는 4세기까지로 거슬러 올라갈 수 있다. 하지만 이 구분이 의미심장한 자리를 얻게 된 것은 중세기에 이르러서였는데, 신학자들이 교회를 **성직자**ordo clericorum와 **평신도**ordo laicorum라는 별개 신분으로 구분했을 때였다.[142]

---

141) Charles Stephen Dessain, *John Henry Newman*(London: Thomas Nelson & Sons, 1966), 117.

성직자와 평신도의 이런 분리는 두 번째 천년기에 부상한 한 교회 모델에 의해 더 한층 확대됐다. 그 교회 모델은 궁극적으로 제2차 바티칸 공의회 직전까지 줄곧 지배적이 된 모델이었다. 이 모델에 관해서는 다음 장에서 더 이야기하겠지만, 평신도 역할에 미친 그 충격을 감안해 이 맥락에서 언급할 필요가 있다

제2차 바티칸 공의회 이전에 가톨릭에서 교육을 받은 사람은 누구나 흔히 "피라미드" 교회 모델이라고 거론된 이 모델에 친숙할 것이다. 이 피라미드 모델은 교회 안의 자리를 반영한다. 제일 꼭대기에는 교황이 있다. 그 아래에 추기경, 주교, 사제, 수녀가 있고, 제일 아래에 평신도가 있다. 그것은 "일반 사회의" 접근 방식이었다. 피라미드에서 자리가 높을수록, 더 거룩한 사람이었다. (또는 그렇게 생각했다.) 이 모델에서는 꼭대기에 있는 이들이 진리를 "소유했고", 아래에 있는 이들은 그 진리를 "받아들였다." (공정하게 말해서, 제2차 바티칸 공의회 직전까지, 중요한 신학 교육은 성직자들에게만 유보됐다는 점을 주목해야 한다.)

성직자와 평신도 사이의 이런 구분의 결과로, 교회 사명은 교계(hierarchy, 성직계)가 맡는 것으로 이해됐다. 그것은 "그들의" 사도직이었고, 이 일에 평신도가 관여하는 것이면 무엇이든 간에 교역을 맡은 교계를 "보조하는" 것으로 이해됐다. 평신도가 교회 사명에서 평신도 나름의 사도직에 대한 권리는 물론 의무도 지닌다는 점은 그냥 간과됐다.

---

142) Robert A. Burns, OP, *Roman Catholicism after Vatican II*(Washington, DC: Georgetown University Press, 2001), 72.

이브 콩가르는 평신도 신학을 하기 시작한 제1세대 신 신학자들 가운데 한 사람이었다. 당시에 지배적인 교회 모델을 고려할 때 평신도 신학을 하는 것은 대단한 논쟁거리가 되는 행동이었다. 콩가르는 그런 시도를 "위험하다"고 보려는 이들을 언급하면서, 1907년 이와 유사한 반대에 대한 디종(Dijon, 프랑스 부르고뉴 지방 도시)의 주교 다돌Dadolle 몬시뇰의 답변을 인용한다. 이 인용문 전체를 그대로 다 옮긴다. 문제를 아주 설득력 있게 성찰하기 때문이다.

과거에 우리 주교들이 여러분의 역할을 충분히 그리고 완전히 이해하지 못했을 가능성이 대단히 크다. 우리는 우리의 물질적 필요를 위해서는 여러분의 지갑에, 여러분의 헌신에… 행렬에서 초를 드는 것에 대해서는 여러분의 신심에 호소하곤 했다. 그것이 거의 전부였나 하면, 그렇지 않았다. 혹은 어쨌거나… 할 만큼 그렇지는 않다. … 수백 년을 거치면서 사도직분apostleship은 "파기된 일"로 여겨졌다. 그리고 적어도 실제로는 가르치는 이들과 가르침을 받는 이들, 사제들과 평민들 간의 구별이 지나치게 커졌다. … 성직자와 평신도… 두 사도직분의 조정에 대한 미묘한 문제에 대한 논의가 있다. … 나는 거기에 있는 위험들을 잘 알고 있다. 그 위험들을 피하는 유일한 길은 아무것도 하지 않는 것이다. … 하지만 그것은 최악을 택하는 것이다. 초연함, 그것은 저 쓸모없는 영혼들이 선택한 몫으로, 단테는 그의 '지옥' 편에서 그들에게 일말의 연민도 내비치지 않고는… 보고 지나쳐 버렸다.[143]

여기서 우리는 공의회 이전 교회 내 평신도 역할에 대한 탁월한 통찰을 본다. 공의회 이전의 교회는 기본적으로 교계적 교회, 성직자의 역할을 중심에 둔 교회, 교회 일에서 평신도의 기능을 확실하게 주변으로 밀어낸 교회였다.

다행하게도, 동시에 이러한 이미지를 막 바꾸려고 하던 신학자들도 있었다. 그들의 통찰과 노력으로 교회 안에서 평신도 소명의 의미심장한 - 그리고 오랜 동안 지연됐던 - 발전이 이뤄졌다.

원천들로 돌아감

교회는 하느님에 의해 세워지고 하느님의 인도를 받지만, 2000년 이상 사람들이 맡아 왔다. 사람들의 조직인 교회는 다른 모든 조직과 똑같은 위험부담을 안고 있다. 곧 원래의 창립 시점으로부터 멀어질수록, 원 창립자의 카리스마로부터 멀어질수록 교회는 종종 그 카리스마와 접촉이

---

143) 정교 분리 이후 프랑스 교회에서 평신도의 역할에 관한 연설. 본문은 *L'avenir des travailleurs*, 1907년 4월 14일 자에 실렸음; *Domain*, May 3, 1907, 445에서 인용. Yves Congar, *Lay People in the Church*, trans. Donald Attwater(London: Geoffrey Chapman, 1959), xxix에서 인용.

끊어진다. … 따라서, 개혁과 쇄신과 회복을 끊임없이 필요로 한다.

제2차 바티칸 공의회 이전 시기에, 신 신학자들은 그리스도 교회의 원천으로 되돌아갈 필요성을 보았다. 그러는 가운데 그들은 교회 삶에 스며들어온 일부 왜곡들을 구별하게 됐다. 그 한 가지 왜곡은 성직자와 평신도의 첨예한 구분이었다. 그들은 신약성서 연구를 통해 많은 신학적 통찰을 했다. 그 하나는 평신도 신학의 발전과 직접 관계가 있다고 할 수 있다.

사도행전 15장에는 교회 역사에서 첫 공의회인 예루살렘 공의회에 관해 나온다. 이 공의회는 초기 교회의 한 심각한 논쟁을 해결하기 위해 소집됐다. 쟁점은 기본적으로, 모세법과 그 관습에 따라 살지 않는 이방인들을 교회에 받아들이는 문제를 어떻게 할지였다. 15장에 나와 있듯이, 이 문제에 있어서 합의는 사도들과 원로들만이 아니라 "온 교회와 더불어"[144] 이뤄졌다. 그들이 논의할 때, 베드로는 일어서서 이 이방인들을 받아들이는 신학적 기초를 제시했다. "사람의 마음을 아시는 하느님께서는 우리에게 하신 것처럼 그들에게도 성령을 주시어 그들을 인정해 주셨습니다."[145] 이렇게 모든 믿는 이들에게 "성령을 주심"은 평신도 신학의 초석이 됐다. 신 신학자들은 신약성서 연구를 계속하면서, 에페소 신자들에게 보낸 서간에서 다음과 같은 내용을 읽었다. "하느님께서 여러분을 부르실 때에 하나의 희망을 주신 것처럼, 그리스도의 몸도

---

144) 사도 15,22.
145) 사도 15,8.

하나이고 성령도 한 분이십니다. 주님도 한 분이시고 믿음도 하나이며 세례도 하나이고 만물의 아버지이신 하느님도 한 분이십니다. 그분은 만물 위에, 만물을 통하여, 만물 안에 계십니다."[146] 에페소 신자들에게 보낸 서간은 계속해서 은사의 다양성에 관해 이야기한다. 곧 어떤 이들은 사도로, 어떤 이들은 예언자로, 어떤 이들은 목자로, 어떤 이들은 교사로 세워 주시어, 각 은사에 적합한 기능을 수행해 몸 전체가 성장하도록 한다는 것이다.

신약성서를 읽으면서 신학자들은 오랜 세월 동안 교회가 그 원래 토대의 핵심 구성 요소인 "성령론적" 요소, 곧 성령의 역할을 간과했다는 것을 깨닫게 됐다. 제2차 바티칸 공의회 이전 교회의 교회론은 그리스도론적 구성 요소, 곧 교회 창립에 있어서 예수 그리스도의 역할을 강조했지만, 성령은 잊은 것 같았다. 세례 때 모든 믿는 이들에게 성령이 주어짐에 대한 신학적 함의들과 결부된 성령의 역할에 대한 이런 "재발견"으로, 교회 안에서 평신도에게 대단히 본질적인 자리를 밝혀내는 길이 놓이고 있었다.

신약성서는 그리스도의 몸을 건설하는 데 들어가는 많은 은사들을 언급한다. 교회 안에서 결국에는 평신도 신학을 "세운" 많은 신학자들에게도 이와 동일한 원리가 적용될 수 있다. 신학자들은 저마다 고유한 카리스마와 나름의 신학적 관심사를 평신도 연구에 쏟았다. 그리고 신학

---

146) 에페 4,4-6.

적 관점에서, 이 많은 목소리들은 평신도 신학을 하는 과정에 필수불가결한 부분이었다. 건전한 평신도 신학은 확고한 신학적 원리들에 뿌리를 둔 토대를 필요로 할 것이기 때문이었다.

친교의 신학

이브 콩가르는 제2차 바티칸 공의회에 참석해 신학 전문위원으로 활동했다. 공의회의 한 시점에서, 콩가르는 자신의 신학적 과거에 관해 생각하고 이렇게 썼다.

> 아마도 교회는 불과 2~3년 전만 해도 거의 깨닫지 못한 것들을 아주 굳게 확신하는 자신을 보고는 놀랄 것이다. 누가 이 씨앗을 뿌렸나? 그리고 누가 약 35년 전에 내 안에 이 씨앗을 뿌렸나? 이는 밤이 지나면 새벽이 오고 또 겨울이 지나면 봄이 오게 하는 분은 누구냐고 묻는 것이나 마찬가지다.[147]

콩가르는 대단히 많은 동료 신학자들과 마찬가지로 공의회가 참으로 교회에 은총의 순간이 될 수 있으리라고 확신했다. 그는 그런 순간을 예

---

147) Jean-Pierre Jossua, OP, *Yves Congar: Theology in the Service of God's People*(Chicago: Priory Press, 1968), 58.

상하고 기대하면서 수십 년 동안 활동했고, 공의회의 아주 많은 가르침에 자신의 표시를 남겼다. 제2차 바티칸 공의회의 평신도 대우가 이런 가르침들 가운데 하나이리라는 것은 의심의 여지가 없다.

앞에서 제2차 바티칸 공의회로 이어지던 시기의 지배적 교회 모델은 피라미드형이었다는 것을 보았다. 아마도 이 모델의 가장 심각한 문제는 신약성서에서 아무런 근거를 찾을 수 없다는 것이었다. 콩가르를 비롯해 그의 많은 동료들이 신약성서 연구에서 발견한 것은 성령께서 공동체의 각 구성원 안에 현존하신다는 데에 뿌리를 둔 **친교**communio의 교회 모델이었다. 그것은 피라미드 모델과 첨예하게 대조되는 모델이다. 다음 장에서, 교회 자체를 살펴볼 때, 두 모델의 대조가 더욱 충분히 개진될 것이다. 지금으로서는, 친교 모델에 대한, 그리고 그 모델과 평신도 역할과의 관계에 대한 간략한 논의로 충분하다.

친교라는 말은 "우애, 책임 있는 우애"를 뜻하는데, 이 단어는 신약성서 교회론의 특징이다. 일찍이 1937년에, 콩가르는 이 교회 모델을 재발견하고는 친교의 신학에서 성령의 역할에 관한 글을 쓰고 있었다. 이 신학적 원리의 의미심장함은 아무리 과장해도 지나치지 않다. 그 신학적 원리가 함축하는 의미들은 신약성서의 교회 이해에 아주 핵심이 되기 때문이다. 만일, 콩가르가 믿듯이, 성령이 세례 때 각 지체들에게 주어지는 교회의 "영혼"이라면,[148] 그때에 신자들의 개별 은사와 카리스마

---

148) Timothy I. MacDonald, *The Ecclesiology of Yves Congar: Foundational Themes*(Lanham, MD: University Press of America, 1984), 238.

로 그리스도의 몸을 이루는 "하느님 백성"이라는 교회관은 교회 사명에서 수행할 참으로 의미심장한 역할이 각 구성원들에게 있음을 의미한다. 각 사람은, 성직자이건 평신도이건, 적법한 목소리를 지닌다. 구성원 각자가 진리의 원천일 수 있다.

언급한 것처럼, 이 친교의 신학에 대해서는 교회의 자기 이해에 관한 다음 장에서 다시 살펴볼 것이다. 다음 장에서는 친교 신학이 교회 안에서 단체성collegiality에, 그리고 신자들의 교회 가르침 수용(받아들임)이라는 개념에 진정으로 도달하기 위한 문을 어떻게 열었는지 볼 것이다. 또 법적이고 군주적인 교회 모델을 넘어 진리의 충만함인 하느님께 가는 도정에 있는 "하느님 백성"이라는 교회관에 진정으로 이르기 위한 문을 어떻게 열었는지 볼 것이다.

하지만, 세례 받은 모든 지체들 안에 성령께서 현존하신다는 데에 근거하는 친교의 신학은 평신도 신학을 위한 진정한 토대적 원리이기 때문에, 친교의 신학을 이 장에서도 다루는 것이다.

신앙인의 감각

친교 신학의 한 가지 대단히 중요한 구성 요소는 "신앙인의 감각sensus fidelium"이라고 알려진 개념이다. 그것은 성령께서 온 교회에서 활동하신다는 것이다. 이 용어는 교회의 가르침이 전체 교회의 신앙으로부터 나온다는 사실을 가리키는데, 교리를 정식화하는 데에 교계 권위와 신자들이 서로 작용한다는 증거다.

신앙인의 감각은 교회 전통에서 오랜 역사를 지닌 개념이다. 하지만 무엇보다도 두 번째 천년기에 피라미드 교회 모델이 출현하면서 이 개념은 소홀해지고 전반적으로 잊혔다. "신 신학자" 가운데 한 사람인 세뉘M-D. Chenu가 지적했듯이, "20세기에 와서야 비로소 교회는 이 영역에서 자신의 유산을 다시 발견했다."[149]

하지만 20세기 이전에도 이 **신앙인의 감각**을 다시 발견하려는 노력이 있었다. 1859년에 존 헨리 뉴먼은 「교리 문제에 신자들의 자문을 구함에 관해On Consulting the Faithful in Matters of Doctrine」라는 저서를 냈다.[150] 뉴먼에 따르면, 신자 단체는 세례로 얻은 신앙 감각을 일종의 본능처럼 지니는데, 이로써 신자들은 참다운 가르침을 받아들이고 그릇된 가르침을 배격한다.[151] 이런 견해를 당시 교계는 도대체 잘 받아들이지 않았다. 일부는 교리 문제에 평신도들의 자문을 구해야 한다는 뉴먼의 주장에 격노했다. 이 점에 있어서 뉴먼에 대한 옹호는 100년이 지나 마침내 제2차 바티칸 공의회의 「인류의 빛」에서 이뤄졌다. 이 문헌은 하느님 백성 전체가 지니는 초자연적 신앙 감각을 언급한 것이다.[152]

---

149) Christophe Potworowski, *Contemplation and Incarnation: The Theology of Marie-Dominique Chenu*(Montreal, Quebec, Canada: McGill-Queen's University Press, 2001), 161.
150) John Henry Newman, *On Consulting the Faithful in Matters of Doctrine*, 1859, ed. John Coulson(New York: Sheed and Ward, 1962, ⓒ 1961).
151) Avery Dulles, SJ, *Newman*(London and New York: Continuum, 2002), 106.

신자들 안에서 기능하시는 성령의 역할에 대한 이런 이해는 공의회 이전 시기에(그리고 공의회 이후에도 마찬가지로) 신 신학자들에 의해 거듭거듭 울려 퍼졌다. 일찍이 1936년에, 카를 라너는 세례로 교회 구성원들은 저마다 사목적 돌봄의 사명을 받는다고 주장하고 있었다[153]. 라너에 따르면, 그 토대는 아주 단순하다. "교계 카리스마와 평신도 카리스마 간 일치의 원천은 카리스마들의 근원 자체, 곧 성령이셨다."[154]

이들 신학자들은 분명히 제2차 바티칸 공의회 문헌들을 위한 길을 그리고 그 문헌들에서 제시할 성령의 역할을 준비하고 있었다. (예를 들면 성령은 252번이나 언급된다.) 공의회 교부들은 교회가 성령의 선물들을 모든 구성원이 사용할 수 있는 공동체임을 깨달았다. 제2차 바티칸 공의회는 성령론과 교회론 간의 극히 중요한 관계를 재발견한 것이다.

신앙인의 감각 개념이 교회 가르침에서 떨어져나간 것으로 나타난 한 가지 이유는 제2차 바티칸 공의회 이전에 만연했던 피라미드 교회 모델이었음을 앞에서 주목했다. 그리고 교회에 대한 정의定義가 또한 교회 내 평신도 역할에 대한 정의를 낳는다는 것은 기본적인 신학적 원리다. 이 장 앞부분에서 피라미드 교회 모델을 간략하게나마 검토했다. 이 교회론은 교회 내 대화에 도움이 되지 않으며, 그 구성원들의 제안에 개방적이지도 않다. 따라서 **신앙인의 감각**의 개념이 시간이 흐르면서 어떻

---

152) 교회에 관한 교의 헌장 「인류의 빛」, 『제2차 바티칸 공의회 문헌』(한국천주교중앙협의회, 2002), 이하 「인류의 빛」으로 표기.
153) Richard Lennan, *The Ecclesiology of Karl Rahner*(Oxford: Oxford University Press, 1995), 100.
154) Lennan, *Ecclesiology*, 105.

게 소홀히 여겨지고 심지어 무시당하게 됐는지 쉽게 알 수 있다. 이런 소홀함은 또 다른 문제들로 계기가 됐다. 신앙인의 감각이 효과적으로 기능하도록 하려면, 그 구성원들이 건전한 종교 교육을 받아야 한다. 그들은 가르침을 받아야 하고, 비판적으로 생각하도록 격려 받아야 하며, 이성적으로 신앙을 알릴 수 있어야 한다. "진리들의 위계질서"가 있음을, 곧 신앙의 어떤 진리들은 다른 진리들보다 신앙의 핵심에 더 가까이 있다는 것을 알아야 한다. 예를 들어, 믿는 이들은 삼위일체 교리를 수긍하는 것과 사순절 동안 금요일에 고기를 삼가는 것은 차원이 다르다는 것을 이해해야 한다. 하지만 이런 유형의 구별이 공의회 이전에는 교회 안에서 제대로 이뤄지지 않았다. 결국, 이 모델에서는 최상부에 있는 이들이 진리를 **소유하며**, 밑바닥에 있는 이들은 의심 없이 그 진리를 **받아들인다**. 공평하게 말해서, 제2차 바티칸 공의회 이전에 사회 전반의 권위주의적 특성을 고려할 때, 신앙에 대한 그런 접근 방식이 교회로서는 편했으리라는 것은 수긍할 만하다. 하지만 제1장에서 논의했듯이, 어린이가 성장해서 일정한 방식의 삶이 지니는 가치를 알려면 이성을 필요로 하는 것처럼, 평신도도 마찬가지다. 신앙인의 감각이 그리스도의 몸 전체에서 살아 있고 힘 있는 세력으로서 도움이 되려면, 평신도들에게 신앙의 견고한 신학적 토대를 제공해야 한다. 평신도의 신학적 양성에 관한 존 헨리 뉴먼의 말이 떠오른다. "내가 원하는 평신도는 오만하지 않고… 자신의 종교를 아는 사람들, 그 종교에 입문하는 사람들, 그 종교의 신경信經을 잘 알아 설명할 수 있는 사람들이다."[155]

같은 맥락에서, 제2차 바티칸 공의회 이전의 대다수 평신도들은 무류적 가르침과 비무류적 가르침을 구별할 수 없었을 것이다. 1953년에, 이브 콩가르는 "무류성의 침투" 문제를 우려했다. 이것은 평신도들이 교회 가르침이면 무엇이나 전부 무류적으로 여기는 경향이 늘던 상황을 말한다.[156]

제2차 바티칸 공의회 이전에는 건전한 종교 교육을 받지 못한 평신도가 예외적이라기보다는 통례적이었다. 이 건전한 교육의 다른 한 가지 구성 요소는 올바른 양심의 형성이다. 교회는 - 적어도 원칙적으로 - 개인의 양심이 중심이라고 늘 가르쳐왔다. 우리가 고찰한 그 신학자들은 신앙 행위에서 양심이 하는 중요한 역할을 알았다. 그들은 또한 종종 잘못된 집단적 양심이 위에서부터 신자들에게 부과되는 위험성도 알았다. 그 시대의 교회 분위기 - 제1차 바티칸 공의회가 무류성 가르침을 공식으로 명료화한 것 - 에 자극을 받아, 존 헨리 뉴먼은 양심의 비판적 역할과 신학 연구의 자유를 절대적으로 지지했다.[157] 가톨릭으로 개종한 지 얼마 되지 않은 데다 제1차 바티칸 공의회(1869~70)가 교황의 무류성을 명료화한 데 대해 경악한 뉴먼은 "교황의 건강을 위해 - 그러나 먼저 양심의 건강을 위해 - 최고의 사람들과 건배할 것"이라고 말했다.[158] 그

---

155) John Henry Newman, *Lectures on the Present Position of Catholics in England*(New York: America Press, 1942), 300.
156) Yves Congar, OP, *Power and Poverty in the Church,* trans. Jennifer Nicholson(Baltimore: Helicon, 1964), 65, 106, 109. [불어 원저, 1953]
157) Dulles, *Newman,* 151.

리고 인간은 본성적으로 초차연적 목적에로 부름 받는다는 카를 라너의 신학적 인간학에서는, 모든 믿는 이들이 신앙으로 수락한 것을 알고 이해하려고 하는 열망으로 자극받는 "신진" 신학자라는 것이 분명해진다. 이것은 올바른 양심 없이는 이뤄질 수 없다.[159]

강생의 법

1937년과 1942년 사이에 가톨릭 신학에서는 하느님 백성이라는 성서적 교회 개념이 분명하게 확립돼 가고 있었다. 교계적이고 법적인 데에 초점을 두는 당시의 지배적인 교회 이해를 넘어서고자 하던 신학자들이 이를 재발견한 것이다. 일찍이 1922년에도, 로마노 과르디니는 자신의 저서 「교회와 가톨릭The Church and the Catholic」에서 교회가 믿는 이들의 마음 안에서 깨어나고 있다고 주장했다. 그에게 교회는 일차적으로 법적이고 제도적 구조가 아니라 "무엇보다도, 그리스도의 몸…그리스도께서 세상 안에서 여전히 살아 계시고 활동하시는 장소"[160]였다.

세뉘M.-D. Chenu는 이와 동일한 주제를 채택해 "그리스도의 신비가…그리스도의 몸을 이루는 그 공동체에 내재함으로써 늘 활동하고 있다."[161]

---

158) B. C. Buttler, OSB, "Newman and the Second Vatican Council", in *The Rediscovery of Newman: An Oxford Symposium*, eds. John Coulson and A. M. Allchin(London: SPCK, 1967), 235-46, at 242.
159) John H. Wright, "Modern Trends in Theological Method", in *Current Trends in Theology*, eds. Donald Wolf, SJ, and James Schall, SJ(Garden City, NY: Doubleday and Company, 1965), 32-57, at 41.

고 주장했다. 이 강생의 법은 신학의 핵심 주제였고 교회 안에서 평신도 신학 발전에 또 하나의 요소로 역할을 한다. "시대의 표징"을 읽는 것은 제2차 바티칸 공의회의 화두mantra 가운데 하나가 됐는데, 세뉘는 온 교회가 이 과제에 부름을 받고 있다고 공의회 훨씬 이전부터 주장하고 있었다. 세뉘는 강생 신학으로 교회의 모든 구성원을 강생의 연속으로 여기게 됐을 뿐 아니라 세상 변형에 있어서 하느님의 공동 협력자로 보게 됐다. 평신도는 새로운 의식에 눈을 뜨면서 우리 안의 하느님 현존이라는 "절박하고 새로운 강생을 위한 밭이 된다."[162]

제2차 바티칸 공의회에서, 피츠버그의 존 라이트John J. Wright 주교는 이렇게 말했다. "신자들은 평신도의 자리와 존엄과 소명에 관한 공의회의 긍정적 진술이 나오기를 400년 동안 기다리고 있었다."[163]

이제 평신도의 자리와 존엄과 소명에 대한 제2차 바티칸 공의회의 응답을 검토한다.

---

160) Arno Schilson, "The Major Theological Themes of Romano Guardini", in *Romano Guardini: Proclaiming the Sacred in a Modern World,* ed. Robert A. Krieg, CSC(Chicago: Liturgy Training Publications, 1995), 31-42, at 38.
161) M. D. Chenu, OP, "The History of Salvation and the Historicity of Man in the Renewal of Theology", in *Theology of Renewal,* Vol. I, ed. L. K. Shook, CSB(Montreal: Palm Publishers, 1968), 153-66, at 157.
162) Potworowski, *Contemplation and Incarnation,* 95, 161, 189.
163) George Sim Johnston, "Open Windows: Why Vatican II Was Necessary", *Crisis Magazine,* March 9, 2004. www.crisismagazine.com/march2004/Johnston/htm에서도 볼 수 있다.

평신도의 시간

1906년에, 교황 비오 10세는 회칙 「우리는 강력히Vehementer nos」에서 이렇게 언명했다.

> 사회의 모든 구성원을 끝까지 움직이고 지도하는 데 필요한 힘과 권위는 교계에만 있다. 다수(평신도)에 관해 말하자면, 그들은 지도를 받고 그래서 목자들을 공손하게 따르는 것 외에는 아무런 권리도 없다.[164]

1988년에 교황 요한 바오로는 이렇게 밝혔다.

> 평신도들은 그들의 임무와 은사의 행사만이 아니라 다른 많은 방법으로 교회 생활에 참여합니다.[165]

평신도에 관한 판이한 이 두 발언을 분리시킨 80년 동안에, 교회 안에서는 평신도의 역할에 관한 아주 급격한 발전이 이뤄졌다. 이에 앞서 20세기 초반에 평신도 사도직과 관련해 일부 진전이 있었다. 교황 비오 11

---

164) Pope Pius X, *Vehementer Nos*, AAS 39 (1906), 8-9. 이 회칙은 프랑스의 정교분리법에 관한 회칙이다.- 옮긴이 주
165) 교황 요한 바오로 2세 권고, 「평신도 그리스도인」(개정판), 한국천주교중앙협의회(2008), 25항.

세(1922~39)는 다양한 형태의 '가톨릭 운동Catholic Action'에 참여하고 있던 평신도들을 격려하곤 했다. 1946년에, 교황 비오 12세는 추기경단에게 평신도가 "교회다"[166]라고 말했다. 하지만 이런 시도들조차 평신도를 위한 참다운 사도직, 곧 교회 안에서 교계 사명의 단순한 "나누어 받음"이 아닌 어떤 사도직을 제시하는 데는 실패했다. 우리가 보았듯이, 20세기에는 교회 안에서 평신도 자리에 대한 더욱 넓은 시각을 지닌 그런 신학자들이 많은 씨앗을 뿌리고 있었다. 하지만 평신도의 시간이 궁극적으로 확인된 것은 제2차 바티칸 공의회에서였다.

제2차 바티칸 공의회가 그 문을 열다

제2차 바티칸 공의회는 교회 역사에서 평신도라는 주제를 다룬 첫 일치 공의회였다. 실제로, 평신도라는 단어는 공의회 문헌들에서 206번이나 등장하며, 모든 언급들이 우호적이다. 문헌들을 읽어나가면서, 우리는 교회 안에서 평신도의 소명을 새롭게 이해하는 데에 기여하는 특별히 세 문헌을 발견한다. 「인류의 빛」, 「기쁨과 희망」 그리고 「사도직 활동」이다.

이 문헌들을 읽으면, 우리는 공의회 교부들이 공의회 이전의 교회 내

---

166) Pope Pius XII, *Documentation Catholique* 43(1946), 146.

평신도 이해에 좀 비판적 조정을 가했다는 것을 발견한다. 우리는 또한 참다운 평신도 신학에 영향을 미친 몇 가지 핵심 주제들도 식별할 수 있다. 곧 세례의 유의미성, 평신도에 대한 정의, 신자 사제직 개념, **신앙인의 감각과 그 역할**, 영적 혹은 세속적인 평신도 사도직 영역, 교계에 대한 평신도의 관계 등이다.

1959년 요한 23세의 공의회 소집 발표와 1962년 공의회 개막 사이의 시기에, 열띤 준비 기간이 있었다. 이 기간에 평신도들은 어떠한 두드러진 참여도 할 수가 없었지만, 그들에게는 교회 안에서 평신도와 평신도의 잠재적 사명의 필요성을 진짜로 의식하는 여러 주교들이 있었다. 요셉 수에넨스 추기경이 그런 주교 가운데 한 사람이었다. 공의회에서 그는 이렇게 주장했다.

> 우리에게는 교회 안에서 평신도의 역할에 관한 큰 선언이 필요하다. 현재 우리가 가진 모든 것은 교회법 조항에 나오는 석 줄이다! 평신도에 관한 초안이 작성됐지만, 더욱 큰 활력과 열정으로 다시 작성할 필요가 있다. … 세례로 말미암은 평신도의 권리와 의무들을 확인하는… 중요한 진술이 입안돼야 한다.[167]

---

167) Leon Cardinal Joseph Suenens, *Memories and Hopes*(Dublin: Veritas Publications, 1992), 95.

평신도 사도직에 관한 교령 「사도직 활동」이 결국 공포됐는데, 이 문헌은 전적으로 교회 내 평신도의 자리에 관한 것이다. 하지만 이 문헌은 「인류의 빛」에, 특히 제4장에 그 뿌리를 두고 있다. 이 4장에서 우리는 평신도 사도직을 위한 신학적 토대의 초기 단계를 발견한다. 그래서 「인류의 빛」에서 얻는 몇 가지 통찰로 시작한다.

「인류의 빛」

교회에 관한 교의 헌장인 이 문헌은 1964년 11월 21일 공식으로 공포되기 전에 아주 어려운 여정을 겪었다. 공의회 교부들의 마음에 경쟁하는 두 교회 모델 - 피라미드 모델 대 친교 모델 - 이 있었다는 것이 어려움의 한 가지 이유다. 앞에서 밝혔듯이, 교회 신학에 따라 평신도 신학이 나온다. 이 문헌을 주의 깊게 읽어보면 이렇게 아주 다른 교회 신학들의 증거가 드러난다. 하지만 평신도에 관한 「인류의 빛」 4장에는 교회 안에서 평신도를 위해 의미심장한 발전을 위한 길을 마침내 열어놓은 진술이 나온다. 하느님 백성을 다룬 이 문헌의 제2장을 거꾸로 언급하면서, 공의회 교부들은 이렇게 진술한다. "하느님의 백성에 관하여 말한 모든 것은 평신도, 수도자, 성직자들에게 똑같이 해당된다."[168] 더

---

168) 「인류의 빛」 30항.

나아가, 5장에는 평신도를 보는 이전의 방식에서 벗어나 공동체적 교회 모델을 지지하는 또 다른 언명이 나온다. "교회 안에서 모든 이는 교계에 소속된 사람이든 교계의 사목을 받는 사람이든 다 거룩함으로 부름 받고 있다."[169] 그리고 그 다음 항에서 이렇게 밝힌다. "따라서 어떠한 신분이나 계층이든 모든 그리스도인이 그리스도교 생활의 완성과 사랑의 완덕으로 부름 받고 있다는 것은 누구에게나 자명하다."[170] 「인류의 빛」은 다양한 삶과 직무가 있음을 인정하면서도 모든 사람이 "하나의 성덕"을 갖고 있다고 주장한다.[171] 이 보편적 성화 소명은 교회로서는 주목할 만한 사건이었다. 성직자와 평신도를 첨예하게 구분하던 공의회 이전 시기에, 사제들과 수녀들은 은총을 입은 완덕의 더 높은 단계에 도달한다고 기대됐다. 평신도의 영적 발전에 관한 기대는 훨씬 낮았다. 하지만 공의회 교부들은 이런 구분을 일축하고 세례로 말미암아 구성원 각자가 성덕으로 부름 받는다고 제시한 것이다. "그리스도의 제자들은 … 하느님의 계획과 은총에 따라 부름 받고, 주 예수님 안에서 의화되고, 믿음의 세례 안에서 참으로 하느님의 자녀가 되어 하느님의 본성에 참여하였기에 참으로 거룩하게 된 것이다."[172] 그러므로, 이 보편적 성화 소명은 다양한 방식으로, 상이한 성소로, 많은 교역들로 실행된다. 하지만, 세례로 우리는 서로 친교를 이룬다.

---

169) 「인류의 빛」 39항
170) 「인류의 빛」 40항
171) 「인류의 빛」 41항
172) 「인류의 빛」 40항.

세례로 말미암은 보편적 성화 소명이 지니는 신학적 함의는 이후 평신도를 보는 방식에 큰 영향을 미쳤다. 앞에서 보았듯이, 공의회 이전 수십 년 동안에 많은 신학자들이 강조한 요점은 이것이다. 곧 세례를 통해 교회의 구성원들은 저마다 성령을 받으며, 이로써 우리는 하나가 된다는 것이다.

제2차 바티칸 공의회는 신약성서의 입장을 회복했는데, 그 한 가지는 제도보다는 은총의 친교로서의 교회가 지니는 중요성을 강조한 것이다. 그와 같은 관점은 이브 콩가르 신학의 중심 주제였다. 그는 교회가 모든 구성원의 많은 기여를 통해 성장한다고 주장했다. 이렇게 교회는 성령의 충만한 은사들로부터 혜택을 얻는다.[173]

이미 보았듯이, 수에넨스 추기경은 공의회에서 평신도를 가장 크게 지지한 사람이었다. 그는 하느님 백성 전체를 단일한 실재로 재발견한 것이 가장 풍부한 결실을 맺을 제2차 바티칸 공의회의 결실 가운데 하나라고 단언했다. 그리고 그것은 무엇보다도, 교회 각 구성원이 지니는 공동 책임을 시사한다고 여겼다. 수에넨스의 생각에는, 에페소 신자들에게 보낸 서간에 나오는 "주님도 한 분이시고 믿음도 하나이고 세례도 하나"[174]라는 위대한 선언이 마침내 교회 안에서 이해된 것이다.[175] 앞으로 보게 되겠지만, 그리스도인의 세례에 대한 이런 강조는 교회 안에서

---

173) MacDonald, *Ecclesiology of Yves Congar*, 265.
174) 에페 4,5.
175) Leon Cardinal Joseph Suenens, *Coresponsibility in the Church*, trans. Francis Martin(New York: Herder & Herder, 1968), 30.

평신도의 활동을 위한 많은 풍요로움을 드러내주었다.

신자 사제직

한 가지를 들자면, 세례를 통해 모두에게 부여된 그 특전을 재발견함으로써 우리는 교회 전통에서 오랜 역사를 지닌 그러나 너무나 오랫동안 잊혔던 한 가지 원리를 깨닫게 됐다. 신자 사제직이다. 이 원리를 논하기 전에, 한 가지 점을 분명히 해야 한다. 「인류의 빛」은 평신도에 대한 분명한 정의를 내렸다. "여기에서는 성품의 구성원과 교회가 인정한 수도 신분의 구성원이 아닌 모든 그리스도인이 평신도라는 이름으로 이해된다."[176] 이 정의를 어떻게든 평신도의 신분을 깎아내리는 것으로 볼 필요는 전혀 없다. 이 문헌은 계속해서 평신도가 세례로 말미암아 하느님 백성 전체에 온전히 속한다고 본다.[177] 또 평신도가 그리스도의 사제직과 예언자직과 왕직의 기능을 공유한다고 적시한다.[178] 사제 역할에 있어서, 평신도는 그들의 일과 기도와 예배 활동을 통해 세상을 하느님께 봉헌한다.[179] 평신도는 그들의 표양과 증언으로, 진리를 찾는 이들을 비춰주며, 그럼으로써 그들의 예언자 역할을 이행한다.[180] 끝으로, 형제

---

176) 「인류의 빛」 31항.
177) 「인류의 빛」 31항.
178) 「인류의 빛」 31항.
179) 「인류의 빛」 34항.

자매들 안에 계시는 그리스도를 섬김으로써 평신도들은 그들을 왕이신 그분께 인도한다. 그분께는 섬기는 것이 곧 다스리는 것이다.[181]

"사제직" 관념과 관련, 「인류의 빛」은 신자들의 사제직과 (서품을 받은 이들의) 직무 사제직을 구별해 둘은 정도에서만 아니라 본질에 있어서 차이가 난다고 본다.[182] 하지만 모든 구성원이 기도하고 그리스도의 증인이 되며 그리스도를 모든 이에게 선포하는 본질적 책임을 공유한다고 주장한다.[183] 그러나 제2차 바티칸 공의회 이전 시기에는, 서품된 이들의 사제직과 신자들의 사제직에 대한 이런 구별은 또한 이 두 집단의 교역 실천 영역과 관련해서도 구별을 낳았다. "신성한" 영역은 성직자에게 유보됐고, 평신도의 활동에 적합한 영역은 "세속"이었다. 「인류의 빛」은 평신도 사도직의 특별한 세속적 성격을 언급하기는 하지만, 또한 이 사도직이 "바로 교회의 구원 사업에 대한 참여"[184]라는 것과 평신도들이 "바로 주님께 그 사도직에 임명된다"[185]는 것을 인정한다. 이 점은 대단히 중요하다. 왜냐하면, 아주 오랫동안, 평신도 사도직은 교계에 속하는 교역을 "나누어 받는" 것으로 보였기 때문이다. 평신도는 교계의 "협조자"로 여겨져 왔던 것이다. 「인류의 빛」은 이런 인식을 바꾼다. 그 교역은 교계가 평신도에게 "주는" 어떤 것이 아니다. 오히려 그것은 세

---

180) 「인류의 빛」 35항.
181) 「인류의 빛」 36항.
182) 「인류의 빛」 10항.
183) Paul Lakeland, *The Liberation of the Laity*(New York: Continuum, 2002), 90.
184) 「인류의 빛」 33항.
185) 「인류의 빛」 33항.

례로 말미암아 평신도들이 수행하도록 하느님께 요청 받은 그 무엇이다. 이는 교회 안에서 평신도를 위한 주목할 만한 그리고 결정적 순간이었다. 평신도들이 그들의 고유한 교역, 교회의 안녕에 참으로 극히 중요한 교역을 지닌다고 마침내 인정받은 것이다.

같은 성령을 선물로 받음

성령을 받음으로써 오는 것과 관련된 특권들에서 나오는 또 하나의 신학적 원리에 대해서는 이미 언급했다. 신앙인의 감각이 그것이다. 신약성서에 충실하면서 그리고 제2차 바티칸 공의회로 이어지던 시기에 동료 신학자들이 제공한 통찰을 따르면서, 공의회 교부들은 아주 중요한 이 요소를 평신도에 관한 논의에 포함시켰다. 이 개념은 평신도가 교회의 온전한 구성원이라는 의미를 존중할 뿐 아니라 교회 가르침의 실제 발전과 받아들임에 있어서 평신도들의 역할을 인정한다.

앞에서, 우리는 신앙과 교리에 관한 문제들에서 신자들의 자문을 받아야 한다는 존 헨리 뉴먼의 신념에 관해 언급했다. 그가 「인류의 빛」의 다음과 같은 가르침을 읽는다면 얼마나 만족해했을까.

성령께 도유를 받는 신자 전체는 믿음에서 오류를 범할 수 없으며, 주교부터 마지막 평신도에 이르기까지 신앙과 도덕 문제에 관하여 보편적인 동의를 보일 때에, 온 백성의 초자연적 신앙 감각의 중개로 이 고유한 특성을 드러낸다. 실제로 진리의 성령께서 일깨워주시고 지탱하여 주시는 저 신앙 감각으로…".[186]

우리는 교회의 첫 공의회인 예루살렘 공의회에서 "온 교회의 동의로"[187] 결정이 이루어졌음을 보았다. 바로 이와 같은 원리가 제2차 바티칸 공의회에서 다시 상정돼 합의된 것이다. "신앙인의 감각"은 온 교회가 참여할 때만이 이런 확실성을 제공한다. 이는 교계의 가르침에 영감을 불어넣으시는 성령과 지체들 안에서 그 가르침을 받아들이는 성령이 동일한 성령이시기 때문이다. 성령은 결코 모순되지 않는다.

이 원리가 뜻하는 바는 의미심장하다. 다음 장에서「인류의 빛」을 더욱 깊이 검토할 때, "받아들임"(reception, 수용)에 대해서도 (어떻게 지체들이 특정한 가르침을 받아들이며 그 가르침의 진실성을 인식하는지) 논의할 것이다. 하지만, 지금으로서는「인류의 빛」이 한 가지 점은 아주 확실히 한 것 같다. 교회는 교회의 사명과 가르침에 있어서 평신도를 한낱 구경꾼으로 여기는 것을 더는 정당화할 수 없다. 평신도는 교리 발전에 능동적 역할을 한다. 평신도는 위에서 오는 진리를 단순히 받아들이는 것이 아니다. 그보다는 교회의 공식 교도권과 협력한다. 이 특전은 세례 때에

---

186)「인류의 빛」12항.
187) 사도 15,22.

"성령을 받은" 결과다.

평신도와 교계의 관계

다음 문헌으로 옮겨 가기 전에, 「인류의 빛」에서 평신도를 취급하는 또 다른 요소를 언급할 필요가 있다. 곧 평신도와 교계의 관계다. 우리는 공의회 이전 시기에 평신도와 교계 관계의 지배적 형태가 평신도의 복종과 양순함과 수동성을 특징으로 하고 있었다는 것을 안다. 공의회가 우리 모두를 하느님 백성으로 인정한 것을 고려한다면, 우리는 이제… 무엇을 기대할 수 있을까? 신학자 리처드 맥브리언Richard McBrien이 주목했듯이 "전통적인 일 구분 - 성직자는 제의실에, 평신도는 세상에 - 은 인위적이며 틀리기까지 한다."[188] 그리고 우리는 존 헨리 뉴먼의 말을 상기한다. 그는 교도권(교회의 공식적 가르침 기구)이 신앙의 전달을 위해 실제로 필요하다고 주장했다. 하지만 그는 또한 교도권이 결코 홀로 작동하지 않는다고도 주장했다.[189]

그러면 공의회 교부들이 그리는 평신도-교계 관계는 어떤 형태인가? 교회 안에서 자신들의 소리가 들리도록 노력해온 평신도의 오랜 여정

---

188) Richard McBrien, "The Church", in *Modern Catholicism: Vatican II and After*, ed. Adrian Hastings(New York: Oxford University Press, 1991), 84-95, at 93.

189) Dulles, *Newman*, 99.

을 고려할 때, 「인류의 빛」은 그 여정에서 주목할 만한 계기를 제공한다. 이 문헌은 평신도가 "거룩한 목자들이 스승과 지도자로서 교회 안에서 결정하는 것들을 그리스도인의 순종으로 받아들여야"[190] 할 필요성을 언급한다. 문헌은 아울러 평신도에게 그들의 영적 지도자들을 위해 기도하라고 격려한다.[191] 하지만 37항은 또한 제2차 바티칸 공의회 이전의 평신도 지위를 고려하면 놀랄 몇 가지 주장을 담고 있다. 「인류의 빛」은 평신도가 "그들이 갖춘 지식과 능력과 덕망에 따라 교회의 선익에 관련되는 일에 대하여 자기 견해를 밝힐 권한이 있을 뿐 아니라 때로는 그럴 의무까지도 지닌다."[192]고 제시한다. 그리고 "새로 찾은" 평신도 목소리에 대한 교계의 반응과 관련해 문헌은 이렇게 진술한다.

> 거룩한 목자들은 교회 안에서 평신도의 품위와 책임을 인정하고 향상시켜야 한다. … 자발적으로 활동하도록 그들을 격려하여야 한다. … 이러한 친숙한 교류에서 교회의 수많은 선익을 기대할 수 있다. … 평신도들의 책임감이 튼튼해지고… 목자들은 평신도들의 경험에서 도움을 받아 영신적인 일에서나 현세적인 일에서 더욱 명백하고 더욱 적절한 판단을 내릴 수 있으며, 그렇게 하여 온 교회가 모든 지체의 힘을 합쳐 세상의

---

190) 「인류의 빛」 37항.
191) 「인류의 빛」 37항.
192) 「인류의 빛」 37항.

생명을 위한 자기 사명을 더욱 효과적으로 성취할 수 있다."[193]

과연, 평신도는 마침내 매우 긍정적인 공식 인정을 받았다. 제2차 바티칸 공의회 당시 평신도에게 부여된 특전과 권리와 의무들에 기뻐하지 않은 일부 공의회 교부들이 있었다. 교황청 추기경 가운데 한 사람인 에르네스토 루피니Ernesto Ruffini 추기경은 "성 바오로에게 그토록 중요했던 저… 영적 은사들(1코린 12,14)이 교회 안에 여전히 만연하다는 생각을 반대하고 오늘날에는 그런 은사들이 거의 없다고 (주장했다.)"[194] 이런 주교들은 공의회 이전의 접근 방식을 훨씬 더 편안해 하면서 평신도를 그와 같이 인정하면 로마가 누리던 중앙 집중화와 교회 삶에서 일부 주교들이 행사하던 지배권을 빼앗기리라고 두려워하는 것처럼 보였다. 평신도와 교계의 관계에 관한 「인류의 빛」의 진술들이 이후 몇 달 혹은 몇 년 후에 "실제 시간" 안에서 어떻게 수행될 것인지에 관해서는, 또 다른 저자와 또 다른 책이 검토할 주제일 것이다. 우리 목적을 위해서 분명한 것은 공의회 교부들이 교회 안에서 잠재적인 "평신도 시대"를 위한 문을 정말로 열고 있었다는 것이다.

---

193) 「인류의 빛」 37항.
194) Thomas Rausch, SJ, "A Theology of the Laity, and the Future of Ministry", *Tidings, October* 18, 2002. http://www.the-tidings.com/2002/1018/rausch.htm에서도 볼 수 있다.

「기쁨과 희망」

　제2차 바티칸 공의회에서 마련한 16편의 문헌 가운데서 두 편은 교회 연구에 할애하고 있다. 「인류의 빛」과 「기쁨과 희망」이다. 「인류의 빛」은 교회에 관한 "교의" 헌장이고, 「기쁨과 희망」은 "사목" 헌장이다. 사목pastoral이란 말과 관련, 이브 콩가르는 이렇게 지적했다. "사목적 접근은 교리가 없는 것이 아니다. … 사목적 접근은 오늘날의 사람들에게 가까운 방식으로 또 그들의 어려움들을 수용하고 그들의 질문에 답변하고자 하는 방식으로 구원의 진리를 제시하는 것이다."[195]

　1965년 12월 7일 공의회에서 마지막으로 공포된 문헌인 「기쁨과 희망」은 나머지 문헌들에서 이미 언급한 것을 당연시하면서 그것을 토대로 하고 있다. 앞에서 교회와 세상의 관계에 대해 다루면서 보았듯이, 「기쁨과 희망」은 교회를 명백히 세상 안에 둔다. 이것이 평신도 사도직을 더욱 의미심장하게 만든다. 실제로 「기쁨과 희망」은 "평신도 사도직의 성서"[196]라고 지칭돼 왔다.

---

195) Yves Congar, OP, "A Last Look at the Council", in *Vatican II Revisited by Those Who Were There*, ed. Dom Alberic Stacpoole, OSB(Minneapolis: Winston Press, 1986), 337-58, at 347.
196) Lakeland, *Liberation of the Laity*, 98.

현실의 신학

앞의 논의에서, 우리는 신학을 하는 방식을 바꾼 패러다임 전환들 가운데 하나에 비춰 「기쁨과 희망」을 검토했다. 그 하나란 연역적 방법에서 귀납적 방법으로 방법론의 전환이었다. 이런 접근 방법의 증거가 이 문헌의 핵심에서 발견된다. 2항에서는 이렇게 언급한다. "따라서 공의회는 인간의 세계를, 곧 인류 가족 전체와 인간이 살아가는 온갖 현실을 직시하고 있다."[197] 우리는 제2차 바티칸 공의회의 가장 중요한 인물 가운데 한 사람이자 공의회가 평신도를 다루는 데에 분명히 핵심 역할을 한 수에넨스 추기경을 알게 됐다. 수에넨스는 자신의 저술들에서 "현실의 신학"[198]을 요청했다. 그는 평신도들이 "세상의" 아주 많은 부분을 이루고 있어서, 진정으로 세상에 이야기하는 방식을 더 잘 발견할 수 있다고 믿었다. 물론, 평신도의 삶이 복음의 산 증거라면, 평신도의 목소리가 들릴 수밖에 없을 것이다. 「기쁨과 희망」의 입안자들은 종교적 관심사와 세상 일 사이에 일어날 수 있는 균열을 예리하게 의식했다. 그들은 신성한 도시와 세속 도시라는 두 도시의 시민인 그리스도인들에게 이야기하면서 이렇게 조언한다.

여기에는 우리가 차지할 영원한 도성이 없고 앞으로 올 도성

---

197) 「기쁨과 희망」 2항.
198) Suenens, *Coresponsibility*, 210

을 찾고 있다는 것을 알지만, 그 때문에 자기의 현세 의무를 소홀히 할 수 있다고 생각하는 사람은 진리에서 벗어나 있다. … 종교 생활이란 다만 혼자서 하는 예배 행위와 어떤 도덕적 의무를 이행하는 것뿐이라고 여겨, 현세 활동은 종교 생활과 전혀 다르다는 듯이 스스로 현세 활동에 몰두할 수 있다고 생각하는 사람도 똑같이 잘못을 저지르는 것이다. 많은 사람들의 일상생활과 그들이 고백하는 신앙 사이의 저 괴리는 현대의 중대한 오류로 여겨야 한다.[199]

종교와 일상생활의 "결별"은 제2차 바티칸 공의회 이전에 점점 더 뚜렷해지고 있었고, 여러 신학자들이 이를 거론했다. 1939년에 로마노 과르디니는 「세상과 인간The World and the Person」을 썼는데, 이 책에서 그는 현대에서 그리스도인으로 어떻게 살아야 하는지에 대한 통찰을 제시했다. 과르디니는 그리스도인의 증거란 살아 계시는 그리스도를 세상에 제시하는 것이라고 확신했다.[200] 진정한 증거에 대한 이 주제를 존 헨리 뉴먼과 이브 콩가르도 똑같이 주장했다. 두 사람 모두 평신도가 그리스도교 이야기를 그들 자신의 것으로 삼아 그들의 증거로 "세상"을 복음화해야 한다고 확신했다.[201]

---

199) 「기쁨과 희망」 43항.
200) Schilson, "Major Themes of Romano Guardini", 34.
201) Samuel D. Ferniano, *Infallibility of the Laity: The Legacy of Newman*(New York: Herder & Herder, 1967), 109.

이 "현실의 신학"은 과연 「기쁨과 희망」을 이해하기에 적절한 맥락이자 제2차 바티칸 공의회 이전에 여러 해 동안 이브 콩가르 같은 신학자들이 주장해 온 것이기도 하다. 콩가르는 평신도를 위한 결정적 요인이 "그들의 세계 내 상황에 의해 결정된다. … 평신도는 그 일을 자제함으로써가 아니라 정확히 그 일에서 그리고 그 일을 통해 하느님께 영광을 드려야 한다."[202]고 주장했다.

교회 사명을 위한 신학적 준비

하지만 평신도가 교회의 사명에서 올바른 자리를 차지하려면, 살아 계시는 그리스도를 만나는 기회를 참으로 세상에 제공하려면 그리스도교 이야기에 대한 이해에 성장할 기회가 있어야 한다.

제2차 바티칸 공의회로 이어지는 시기에서는 평신도의 정규 신학 프로그램 참여가 드물었다. 이 분야는 성직자의 영역으로 여겨졌다. 제2차 바티칸 공의회는 그런 프로그램들에 대한 평신도의 참여를 상당히 개선시킬 변화를 제시했다. 문화와 관련한 그리스도인들의 몇 가지 시급한 임무들을 논하는 단원에서, 「기쁨과 희망」은 이렇게 진술한다.

---

202) Yves Congar, OP, *Laity, Church, and World*, trans, Donald Attwater(Baltimore: Helicon Press, 1960), 68. 이탤릭체는 콩가르의 표기.

많은 평신도들이 적절한 신학 교육을 받고, 그 가운데에서 적지 않은 사람들이 신학을 전문적으로 연구하고 더욱 깊이 발전시키기를 바란다. … 신자로서 자기 임무를 수행할 수 있도록, 그들에게 연구와 사색의 정당한 자유를 인정하여야 하며, 전문 지식을 갖춘 분야에서 자기 의견을 겸허하고 용기 있게 밝힐 수 있는 자유를 인정하여야 한다.[203]

그리고 이 문헌은 「인류의 빛」에서 제시하고 있는 평신도의 권리와 책임을 계속해서 논하면서, 평신도에게 아래와 같이 중요한 충고와 격려를 한다.

평신도들은 자기 사목자들이 언제나 실제로 전문가들이어서 무슨 문제가 생기든 중대한 문제라도 구체적인 해결책을 즉각 내놓을 수 있다거나 또 이를 위하여 사목자들이 파견되었다고 생각하지 말아야 한다. … 교회의 모든 생활에서 적극적 역할을 수행하는 평신도들은 세상을 그리스도의 정신에 젖어들게 하여야 할 뿐 아니라, 모든 일에서 참으로 인간 사회 한복판에서 그리스도의 증인이 되도록 부름 받고 있다.[204]

---

203) 「기쁨과 희망」 62항.
204) 「기쁨과 희망」 43항.

「인류의 빛」은, 말하자면 「기쁨과 희망」의 평신도 논의에서 "구체화될" 될 여러 통찰들의 토대를 제공했다. 「사도직 활동apostolicum actuositatem」 교령도 「인류의 빛」에 의존하고 있다. 이제 교회 안에서 평신도의 소명에 대한 이 문헌의 기여에 대해 논의한다.

「사도직 활동」

평신도 사도직에 관한 이 교령은 제2차 바티칸 공의회의 마지막 회기 때인 1965년 11월 18일에 공포됐다. 교령은 찬성 2340표, 반대 6표로 통과됐다. 이 교령은 교회 안의 평신도에 대해 온전히 할애하고 있는 유일한 제2차 바티칸 공의회 문헌이다.

이 문헌은 특히 제2차 바티칸 공의회의 정식 회기들 사이에 열린 모임들에서 많은 단계를 거쳤다. 이 논의들은 로마의 중앙 집중화와 지역 주교의 사실상 독점적인 리더십 역할을 바라면서 평신도에게 어떠한 의미심장한 "권한"도 양보하지 않으려 하던 이들과 세례로 말미암은 평신도의 더욱 의미 깊은 역할을 신약성서가 제시한다고 믿던 이들 사이의 극적인 드라마와 열띤 긴장의 순간들을 제공했다. 다행히, 이 두 번째 그룹은 공의회가 열리던 시기에 봉직한 두 교황의 지지를 얻었다. 교황 요한 23세는 선종하기 얼마 전인 1963년에 회칙 「지상의 평화 Pacem in Terris」를 발표했다. 이 회칙에서 교황은 "그리스도인들은 구원과 보호를 받기 위해 인간 제도들을 들여다봐서는 안 되며 그리스도인 삶의 부패하지 않는 누룩으로서 그 제도들 안에서 활동해야 한다."[205]고 주장했다. 1963년 6월 요한 23세의 선종 후에, 조반니 바티스타 몬티니 Giovanni Battista Montini가 교황으로 선출돼 바오로 6세라고 이름을 지었다. 밀라노 대주교 때 몬티니는 평신도의 아주 강력한 옹호자였다. 공의회의 남은 회기들을 감독할 교황으로서, 그는 평신도 참관인들auditor을 공의회에 초청하기로 결정했다. 1964년 9월 14일에 공포된 결정이었다.[206]

평신도에 관한 이 교령의 색조를 가장 잘 드러낸 진술은 아마도 첸토 Cento 추기경의 발언일 것이다. 그는 1964년에 공의회 교부들에게 「사도직 활동」의 초안을 제출하면서 이렇게 말했다. "자신을 사도로 여기기 전까지는 어느 누구도 참다운 그리스도인일 수 없다는 것을 세례 받은 모든 이가 의식하게 돼야 한다는 것이 이 문헌의 핵심이자 우리의 가장 깊은 바람이다. 그런 의식이 드러난다면, 그것이 제2차 바티칸 공의회의 가장 큰 업적이 될 것이다."[207]

---

205) Giuseppe Alberigo and Joseph Komonchak, eds., *The History of Vatican II,* Vol. II(Maryknoll, NY: Orbis Books, 1970), 499.
206) Alberigo and Komonchak, *History of Vatican II,* Vol. II, 440-41.
207) Cardinal F. Cento, *Relatio super Schema de Apostolatu Laicorum*(Vatican City: Typis Polyglottis Vaticanis, 1964), 4를 보라.

하느님 백성의 교회론

「사도직 활동」은 다음과 같은 의미심장한 선언으로 시작한다. "평신도 사도직은 바로 그리스도인의 소명에서 나오는 것이므로 결코 교회 안에 없을 수 없다."[208] 교령은 평신도의 사명이 세례에 근거하고 있으며, 이 사명은 교회 안에서와 세상 안에서 모두 이행된다고 선언한다.[209] 그러한 만큼, 평신도 각자는 그리스도의 몸을 건설하도록 자신들의 사도직을 준비시키시는 성령으로부터 은사 · 카리스마 · 를 받는다. 평신도 각자는 하느님 백성의 온전한 구성원이다.

평신도 교령은 하느님 백성 전체의 권리와 책임에 대한 「인류의 빛」의 논의를 원용해 이렇게 덧붙인다. "주교, 본당 사목구 주임, 그 밖의 교구 사제와 수도 사제들은 사도직 수행의 권리와 의무가 성직자나 평신도나 모든 신자에게 공통된 것이며, 교회 건설에서 평신도들도 고유한 역할을 지니고 있다는 것을 명심하여야 한다."[210] 평신도들도 "고유한 역할"을 지니고 있다고 강조하는 마지막 문장이 중요하다. 「사도직 활동」은 평신도 사도직을 성령의 선물인 카리스마의 신학에 둔다. 카를 라너가 지적했듯이, 하느님 백성 전체가 성령의 은사를 받는다면, 그때에 교계는 개인들이 아무런 창의도 지니지 못하는 중앙 집권적 체계를

---

[208] 제2차 바티칸 공의회의 평신도 사도직에 관한 교령 「사도직 활동」, 『제2차 바티칸 공의회 문헌』, (한국천주교중앙협의회, 2002), 1항.
[209] 「사도직 활동」 5항.
[210] 「사도직 활동」 25항.

운영할 수가 없다.[211] 라너는 평신도들이 카리스마를 지닐 뿐 아니라 교계와 동일한 목적으로 그 카리스마를 받는다는 점을 강조한다. 그 목적은 "교회를 세상에서 그리스도의 살아 있는 표징으로 만드는 데에 기여할 수 있도록 하는 것"[212]이다. 이와 관련, 평신도 교령은 평신도와 교계에 상호 존중과 존경의 관계를 요청한다.[213]

사도가 되기 위한 준비

신약성서는 이렇게 말한다. "여러분이 지닌 희망에 관하여 누가 물어도 대답할 수 있도록 언제나 준비해 두십시오."[214] 이 책임은 하느님 백성 전체로 확대된다. 「사도직 활동」은 이 명령을 되풀이하면서 평신도들에게 "교회 정신대로 그리스도교 원리를 밝히고 옹호하며, 이 시대의 문제들을 올바로 적응시켜야 할 자신의 역할을 더욱 열심히 수행하도록"[215] 권고한다. 우리는 평신도에 대한 견실한 신학 교육의 필요성을 지적한, 앞에서 논의한 공의회 문헌들의 가르침을 떠올린다. "갖고 있지 않은 것을 줄 수는 없다."는 귀에 익은 속담이 있듯이, 하느님 백성 전체

---

211) Lennan, *Ecclesiology*, 104-5.
212) Lennan, *Ecclesiology*, 107.
213) 「사도직 활동」 23항.
214) 1베드 3,15.
215) 「사도직 활동」 6항.

가 그리스도교 이야기를 알고 그 이야기를 자신들의 삶으로 증언할 수 있게 될 때만이, 그들은 현대 세계에서 진짜 누룩이 될 수 있다. 그럴 때만이 그들은 효과적인 사도직을 교회 사명을 위해 제공할 수 있다. 그럴 때만이 그들은 고유한 사도직을 지닌 "사도"로 여겨질 수 있다.

제2차 바티칸 공의회로 이어지던 그 시기에 그토록 많은 이들이 이미 알았던 것을 공의회는 마침내 인정했다. 그것은 우리 모두가 세례로 말미암아 하느님 백성이라는 것, 우리 모두가 교회 사명에 사용할 은사들을 지닌다는 것이다. 교회 역사에서 이전 어떤 공의회와도 다르게, 제2차 바티칸 공의회는 평신도에게 그들의 정당한 자리를 차지하라고, 그리고 세계 변형에 기여하라고 초대했다.

결론

제2차 바티칸 공의회로 이어지던 그 시기에, 교회는 성직자 중심에 더욱 초점을 맞췄고 교회 문제들에서 평신도 자리를 주변으로 밀어냈다는 것을 우리는 보았다.

또 신학자들은 "원천으로 돌아감"을 통해 성직자와 평신도의 이런 구분이 신약성서에서 근거를 찾을 수 없는 발명품이었음을 알게 됐다는 것도 보았다. 이들 신학자들은 세례 때 모든 믿는 이들이 "성령을 받는다는 것"이 교회 안에서 참다운 평신도 신학을 위한 토대가 될 수 있다는 것을 깨닫게 됐다.

그들 작업의 결실이 제2차 바티칸 공의회에서 통과됐고, 어떤 핵심 요소들은 공의회의 평신도 문건에 통합됐다. 그리스도교 세례의 의미, 신앙인의 감각, 신자 사제직, 평신도 사도직의 적절한 영역, 그리고 교계에 대한 평신도의 합당한 관계와 그 반대로 평신도에 대한 교계의 합당한 관계 등이 그러하다.

궁극적으로, 제2차 바티칸 공의회는 교회를 제도의 친교라기보다 은총의 친교로 보게 됐다. 그 교회는 교회를 "하느님 백성"으로 교회를 이해하는 카리스마의 신학에, 교역의 다양성에, 그러나 사명의 일치에 초점을 둔다.

이 순간을 향해 그토록 많은 세월을 작업한 일부 신학자들은 오래 살아 그들의 신학적 열망들이 제2차 바티칸 공의회에서 실현되는 것을 보았다. 이브 콩가르가 그들 가운데 한 사람이었다. 공의회 제2회기 때 로마에서 보낸 보고서에 콩가르는 이렇게 썼다. "강렬한 기쁨으로 나는 무르익어 가는 평신도 신학을 멋진 결과로써 목격했다. … 그리스도인의 존엄에 있어서 모든 이의 근본적 평등이 강조된 것이다."[216]

제2차 바티칸 공의회의 평신도 취급에 대한 평가에 그다지 긍정적이지 않은 이들이 있다는 점이 주지돼야 한다.[217] 하지만, 우리가 읽은 공의회 문헌들을 토대로, 우리는 콩가르의 입장을 더욱 기꺼이 받아들이

---

216) Yves Congar, OP, *Report from Rome: Second Session,* trans. Lancelot Sheppard(London: Geoffrey Chapman, Ltd., 1964), 79.

고자 한다. 그는 1964년에 한 인터뷰에서 이렇게 말했다. "오늘 심어진 씨앗들은 나중에, 30년에서 50년이 지나서 그 결실을 맺을 것입니다."[218] 제2차 바티칸 공의회는 교회 안에서 "평신도의 시대"를 위한 무대를 설치했다. 이 씨앗이 과연 결실을 맺을 것인지 또 얼마나 멀리까지 맺을 것인지는 시간이 말해줄 것이다.

---

217) Lakeland, *Liberation of the Laity,* 108에 있는 Edward Schillebeeckx의 논평을 보라.; Francine Cardman, "The Church Would Look Foolish without Them: Women and Laity since Vatican II", *in Vatican II: Open Questions and New Horizons,* ed. Gerald M. Fagin, SJ(Wilmington, DE: Michael Glazier, Inc. 1984), 105-33, at 110-11.

218) Yves Congar, OP, "Interview in Strasbourg, 1964". in *Trente ans de souvenirs,* 도미니코회 프랑스 관구가 제작한 비디오. CTSA Proceedings 59(June 10-13, 2004), 162-66, at 163을 보라.

4. 교회가 자신을 보다

제1차 바티칸 공의회부터 제2차 바티칸 공의회까지

제2차 바티칸 공의회는 교회에 관한 교회의 공의회였다. 그래서 제2차 바티칸 공의회에 이르는 길에 대한 우리 연구를 교회에 관한 교의 헌장 「인류의 빛」의 렌즈를 통해 보이는 교회의 자기 이해에 대한 논의로 마무리하는 것이 적합한 듯하다.

「인류의 빛」은 1964년 11월에 공포됐다. 이 문헌은 제2차 바티칸 공의회 문헌 16편의 중심으로 여길 수 있다. 공의회의 핵심적 신학적 성과를 많이 담고 있기 때문이다. 전반적으로 이 문헌은 교회의 자기 이해에서 이루어지고 있던 한 가지 중요한 전환을 선언한다. 그것은 교계 모델에서 공동체 모델로의 전환이었다. 하지만 「인류의 빛」은 또한 교회의 의미를 건드리는 특수한 관심사들에 대한 주목할 통찰들을 드러냈다. 하느님 백성으로서의 교회, 구원의 성사로서의 교회, 신비로서의 교회, 리더십에서의 단체성, 지역 교회의 유의미성 및 지역 교회와 보편 교회의 관계, 교회 모든 구성원들의 보편적 성화 소명, 그리고 교도권과 신자들의 관계 같은 것들이 그것이다. 과연 「인류의 빛」은 "교회 대내적 삶(ad intra, 내성)을, 말하자면 교회 삶의 본질, 계시와의 관계, 그 내적 구조들, 교역들, 그리고 보편적 소명을 서술"[219]하고자 했다.

하지만 이 문헌을 참으로 제대로 평가하려면, 교황 비오 9세가 소집한 제1차 바티칸 공의회(1869~70)로 되돌아가야 한다. 대다수 논평가들은 교황 무류성 및 사법권에 관한 논쟁과 교리가 제1차 바티칸 공의회와 동의어가 됐다는 데 동의할 것이다. 제1차 바티칸 공의회의 무류성 논쟁에 관한 기사들을 읽으면, 낙담하지 않기가 쉽지 않다. 제1차 바티칸 공의회에는 약 700명의 주교가 함께 했다. 그들 가운데는 무류성이 야기할 역사적 신학적 문제에 대해 우려하면서 무류성을 규정하려는 움직임에 맞서 싸운 소수도 있었다. 그 공의회에서 도미니코회 신학자 귀디Guidi 추기경은 "교황 무류성보다는 교황에 대한 교리적 정의를 언급하는 · 교황 개인의 무류성 관념을 함축하는 · 정식"을 마련할 것을 제안했다. 그의 제안은 교황이 전통에 대해 진지한 숙고를 할 필요가 있다는 것이었는데, 여기에는 주교들의 자문을 구하는 것이 포함됐다. 이 제안이 비오 9세에는 어울리지 않았다. 그는 "전통! 내가 전통이다!" (Tradizione! La tradizone son' io!)[220]라고 뒤돌아 외쳤던 인물이었다. 논쟁이 계속됐지만 결국 소수의 목소리가 졌고 제1차 바티칸 공의회는 "로마

---

219) Michael A. Fahey, SJ, "Church" in *Systematic Theology: Roman Catholic Perspectives*, Vol. II, eds. Francis Schüssler Fiorenza and John P. Galvin(Minneapolis: Fortress Press, 1991), 3-74, at 31.
220) Thomas Bockenkotter, *A Concise History of the Catholic Church*(New York: Doubleday, 1990), 291.

교황에 대한 정의들은 … 그 자체로 변경될 수 없다."[221]고 선언했다.

비오 9세는 1878년에 선종했다. 하지만 분명히, 그의 영향력은 20세기 교회도 느끼게 됐다. 바티칸 문제 전문가 피터 헤블레스웨이트Peter Hebblethwaite는 이렇게 말했다. "누가 교황이냐가 대단히 중요하다. 교황들은 저마다 나름의 독특한 기여를 한다."[222]

20세기 중반에 이르러, 가톨릭교회는 강박 관념siege mentality 상태라고 해도 될 상황이었다.

20세기 초 '근대주의의 위기'에 따른 의심과 불신의 분위기로 절름발이가 돼 있었던 가톨릭 학계는 현대 세계를 매우 의심스러워했다. 가톨릭 저자들의 책들은 교회 당국의 검열을 거치지 않고 출판되는 경우가 거의 없었고…. 신학에 실제로 받아들일 수 있는 유일한 모델은 로마 학파들의 교리 매뉴얼 모델이었다. 이 교재 신학은 새로운 질문들을 제기하고 성서적 역사적 원천들을 탐구하기보다, 성서의 전거가 되는 본문들과… 교황과 공의회의 가르침들을 인용하는 전통적 입장을 드러냈다.[223]

---

221) *Pastor Aeternus*, c. 3; Eng. trans. Decrees of the Ecumenical Councils, 2vols. ed. Norman Tanner, SJ(London and Washington, DC; Sheed & Ward and Georgetown University Press, 1990), 2:814.
222) Timothy G. McCarthy, *The Catholic Tradition*(Chicago: Loyola University Press, 1994), 2.
223) Thomas Rausch, SJ, *Catholicism at the Dawn of the Third Millennium*(Collegeville, MN: Liturgical Press, 1996), 1.

당시 교회의 지배적 모델은 "피라미드" 모델이라고도 지칭되던 교계적 모델이었다. 우리는 3장에서 이 모델에 대해 언급했다. 이 모델에서는 교회 구성원들을 "서열" 순으로 본다. 제일 꼭대기에 교황이, 그 아래로 성직자, 남녀 수도자 그리고 평신도가 있다. 이 모델은 심각한 신학적 의미들을 함축하고 있었다. 그리고 제2차 바티칸 공의회 이전에 가톨릭 신앙을 가르친 이는 누구나 이 함의들을 아주 잘 의식했다. 진리는 위에서부터 오며 아래에 있는 지체들은 그것을 받아들인다. 대화는 선택이 아니다. 사제들과 남녀 수도자들은 그들의 성소 덕택으로 평신도보다 더 거룩하다고 여겨졌다. (최근에 드러난 성직자 성추문은 이런 생각이 잘못임을 분명히 보여주었다.) 교황과 주교들의 관계는 회사 최고 경영자와 그 회사의 관계와 흡사했다. 여기서 다시 한 번, "내가 전통이다!"라고 외친 비오 9세의 영향을 볼 수 있다. 이것은 예수께서 마지막 만찬 때 제자들의 발을 씻어 주시던 신약성서의 모델과는 거리가 먼 외침이다. 교회 안에서 권위와 가르침의 행사와 관련해서 주교단 전체가 지니는 공동 책임을 묘사하기 위해 제2차 바티칸 공의회가 사용한 단체성 개념이 피라미드 모델에서는 사실상 존재하지 않는다. 그리고 평신도가 관계되는 한, 교회 관리들은 교계의 "도우미"로 여기면서 평신도가 고유의 독특한 사명을 지닌다고는 보지 않았다.

제도를 그토록 강하게 강조하면서 사제와 수도자 성소를 받은 이들에게 많은 특전을 부여하고 규칙과 예식을 강조하는 이 교회 모델은 교회의 탄생이 발견되는 신약성서에서는 본향을 찾을 수가 없다. 공정하게 말해서, 교회 역사 특히 종교개혁 이후 역사를 개관하면, 이 교계적 모델이 어떻게 존재하게 됐는지 밝혀낼 수 있다. 18세기와 19세기 교황들은 근대 세계의 세력들과 계속 싸웠다. 어찌해선지, 그들은 교회가 미래의 위기를 피하는 길은 자족적이고 모든 답을 지닌 하나의 권력 구조 뒤로 자신을 격리시키는 것이라고 믿게 됐다. 하지만 앞 장들에서 보았듯이, 이런 교회 모델은 쇄신되고 개혁될 필요가 있다고… 이 모델은 초기 교회의 모델과 너무 동떨어져 있다고 여긴 그런 예언자들이 우리 가운데 있었다. 초기 교회에서는 리더십이 봉사를 위해, 합당한 질서와 가르침의 유지에 도움을 주기 위해 존재했다. 초기 교회에서 공동체의 일원이 된다는 것은 다른 이들을 위한 사랑이 있음을 인정받는 것이었다. 초기 교회에서는 규칙과 법이 비록 중요하기는 하지만 제자직의 길에서 일차적 목표는 아니었다. 초기 교회에서 교회가 된다는 것은 참으로 하느님을 세상에 현존하시도록 하는 것으로… 구원의 성사가 되는 것으로 인식됐다. 이런 것들이 우리의 신학자들이 신앙의 원천들에로 돌아갔을 때 이해하게 된 몇몇 측면들이다.

변하지 않는 것을 변화시키기

제1차 바티칸 공의회와 제2차 바티칸 공의회 사이 시기에, 교회의 가장 보배로운 특징들 가운데 하나는 교회의 "불변성", 곧 교회와 신앙은 변하지 않는 무시간적이고 영원한 실재들이라는 믿음으로 보였다. 이것은 고전주의적 세계관의 중심 요소로, 이에 대해서는 제1장에서 논의했다.

이 두 공의회 사이에 일어난 극적인 신학 여정이 이 책에서 핵심적으로 다루고 있는 것이다. 많은 예언자들이 그 길에서 기여했고, 종종 그 기여에 대한 아주 값진 대가를 치렀다. 교회론 분야에서, 이브 콩가르는 제2차 바티칸 공의회에 이르는 길의 바로 그 중심인물은 아니었다 해도 중심인물들 가운데 한 사람이었다. 콩가르와 그의 동료 신학자들은 어떻게 우리가 제1차 바티칸 공의회의 비오 9세에게서 제2차 바티칸 공의회의 요한 23세에게로, 자신을 기본적으로 교계 제도로 이해한 교회에서 친교로 이해한 교회로 옮겨왔는지를 이해하도록 도와주었다.

콩가르가 한 번은 인터뷰 도중에 교회 역사에서 결정적인 전환점들에 대해 언급해 달라는 질문을 받았다.[224] 콩가르는 답변에서 자기 생각에 가장 중요한 전환점은 교황 그레고리오 7세 때인 11세기에 있었다고 주장했다. 이 교황은 특정 문제 - 당시 영적 권위인 교황과 시민 사회의 권위인 하인리히 4세 왕의 관계 - 를 다루고자 교회 안에서 개혁을 실시했다. 하지만 이 개혁 과정에서, 그레고리오 7세는 교회 자체를 법적 제도로 만들었다. 그리하여 결국에는 교황의 힘이 모든 것의 토대가 됐다. 법적 측면이 성사적 측면보다 더 유의미하게 된 것이다. 콩가르는 이를

---

224) Bernard Lauret, ed., *Fifty Years of Catholic Theology: Conversations with Yves Congar*, trans. John Bowden(Philadelphia: Fortress Press, 1988), 40.

숙명적 진전이라고 보았다. 왜냐하면

> 그 개혁은 이 개념적 법제화에 기여했을 뿐 아니라 성찬례에서 나오는 영적 친교 관념(이는 첫 천년기의 지배적 모델이었다)에서 교계적이고 제도적인 교회 사회라는 일종의 사회 관념(이는 두 번째 천년기의 지배적인 모델이 됐다)으로의 전환에 기여했기 때문이다.[225]

 물론 어떤 의미에서 교회도 하나의 사회임을 콩가르는 인정했다. 하지만 참다운 교회 신학은 무엇보다도 먼저 친교 개념에 뿌리박고 있어야 한다.
 두 번째 천년기의 과정에서, 우리는 교회가 더 더욱 율법주의적이고 사법적이고 성직주의적이 되고 있음을 본다. 신학자 카를 라너 또한 교회론에서의 이 불행한 진전에 관해 썼다. 라너는 그의 제2차 바티칸 공의회 이전 저술들에서, 비오 9세(1846~78)부터 비오 12세(1939~58)에 이르는 교황들의 시대를 "비오식 획일주의"라고 지칭했다. (세월이 흐른 후 그는 제2차 바티칸 공의회가 비오 모델을 부서뜨렸다고 말했다.)[226] 라너는 "비오 획일주의"의 특징이라고 여긴 세 가지 요소를 가려냈다. 변하지 않음에 대한 강조, 전체 교회가 로마 교회를 "닮아야" 한다는 믿음(예를 들면, 동

---

225) Lauret, *Fifty Years*, 43.
226) Richard Lennan, *The Ecclesiology of Karl Rahner*(Oxford: Clarendon Press, 1995), 142.

일한 전례, 동일한 규율, 동일한 관습 등등), 그리고 교회 일치의 확실한 열쇠는 교황 수위권이라는 믿음이었다. 라너에게 이 교회 모델은, 아주 간단히 말해서, 일탈이었다.[227]

제2차 바티칸 공의회 개막 직전에, 라너는 "오늘날 믿음의 가능성에 대한 고찰"[228]이라는 제목의 논고를 썼다. 이 논고에서 그는 자신이 교회의 죄스러움의 표시라고 여긴 것을 다루었다. 성령께 대한 교회의 신뢰 결여로, 라너는 이 결여가 종종 변화의 거부에서 드러난다고 주장했다.[229] 그는 이렇게 썼다. "교회는 성령의 열정보다 교회 안의 관료적 장치에 종종 더 많은 가치를 둔다. 폭풍우보다는 고요함을, 대담한 새로운 것보다는 입증된 옛것을 종종 더 사랑한다." 그런 다음, 라너는 아마도 이 공식 교회와 겪은 자신의 어려움들을 반영하듯이 이렇게 덧붙였다. "과거에 종종, 교회는 그 공직자들을 통해 성인들, 사상가들, 답변을 애써 찾고 있던 이들 혹은 신학자들을 부당하게 취급했다. 이들 모두는 다만 사심 없는 봉사를 하고 싶었을 따름이었다."[230] 라너의 공의회 이전 저술들을 읽으면, 요한 23세가 **아조르나멘토**를 촉구하기 이전에 라너 자신이 교회 안에서 변화의 필요성에 투신했다는 것이 아주 분명히 드러난다.[231]

---

227) Lennan, *Ecclesiology*, 213.
228) Karl Rahner, "Thoughts on the Possibility of Belief Today", *Theological Investigations* v. 16("Über die Möglichkeit des Glaubens heute", *Schriften zur Theologie* v. 25) [orig. pub 1962]. Lennan, *Ecclesiology*, 30에서 재인용.
229) Lennan, *Ecclesiology*, 29.
230) Karl Rahner, "Belief Today". Lennan, *Ecclesiology*, 30에서 인용.

제1차 바티칸 공의회와 제2차 바티칸 공의회 사이에, 교회가 고립의 관행에서 벗어나야 한다고, 현대 세계를 의심스럽게 보는 태도에서 벗어나야 한다고, 그리고 신앙 문제들에 대한 율법적이고 사법적 접근에서 벗어나야 한다고 요구하는 목소리들이 많았다. 이러한 변화 요구에도 불구하고, 안젤로 론칼리가 베드로 좌에 오른 1958년 10월의 교회는 "급변하는 세상에 직면해서 방어적이었고 요지부동이었다."[232]

하지만 이것이 곧 변화하려 하고 있었다. 제2차 바티칸 공의회는 이 변화의 목소리, 교회를 현대화하고 신약성서에서 발견되는 교회 모델을 회복하려고 그토록 오랜 세월 동안 수고한 저 예언자들의 목소리가 될 것이었다. 이제 교회에 관한 교의 헌장 「인류의 빛」에 대한 논의를 시작하면서 우리는 그들의 신학적 노고의 결과들을 보게 될 것이다. 그리고 제 삼천년기 교회를 위해 작성되고 있던 이 헌장에서 교회의 자기 이해가 어떻게 바뀌었는지를 발견하게 될 것이다.

「인류의 빛」: 변화를 위한 헌장

제2차 바티칸 공의회 준비 기간에 작성된 일부 문헌들은 공의회가 시

---

231) Lennan, *Ecclesiology*, 135.
232) Giacomo Martina, SJ, "The Historical Context in Which the Idea of a New Ecumenical Council Was Born" in *Vatican II: Assessment and Perspectives*, Vol. I, ed. Rene Latourelle, SJ(Mahwah, NJ: Paulist Press, 1988), 3-73, at 13.

작하자 교부들이 받아들이지 않았다는 것이 상식이다. 교회에 관한 안이 특히 그러했다. 한 논평가가 주목했듯이, '제17안' scheme 17으로 지칭된 예비안 '교회에 대해De Ecclesia'는 "과거 150년 동안 교황 가르침을 요약한 것"[233] 이었다. 전반적으로, 이 초안에 사용된 언어와 개념들에 대한 비판들을 벨기에의 에밀 데 스메트Emile de Smedt 주교가 요약하고 있는데, 그는 이 초안을 개선주의, 성직주의, 사법주의라고 비판했다.[234] 이 초안에 대한 공의회 교부들의 불만을 가장 잘 표현한 것은 어쩌면 1963년 6월 요한 23세 선종 후 바오로 6세라는 이름으로 교황직에 오른 조반니 몬티니 추기경의 말일 것이다. 그의 말은 또한 많은 주교들이 공의회가 택하기를 바란 방향을 반영한다. 몬티니는 1962년 12월 성 암브로시오 축일에 그의 교구인 밀라노에서 행한 연설에서 다음과 같이 강력하게 말했다.

> 어제, 교회의 주제는 교황 권력에 한정되는 것 같았습니다. 오늘, 교회의 주제는 주교, 수도자, 평신도, 그리고 교회의 몸 전체로 확대됩니다. 어제, 우리는 시민 사회의 구성 요소들을 완벽한 사회[인 교회]를 규정하는 요소들로 바꿈으로써 교회의

---

233) Antonio Acerbi's *Due ecclesiologie, Ecclesiologia giuridica ed Ecclesiologia de communione nella Lumen Gentium*(Bologna: Nuovi Saggi Teologici, 1975). Yves Congar, OP, "Moving toward a Pilgrim Church", in *Vatican II Revisited by Those Who Were There*, ed. Dom Alberic Stacpoole, OSB(Minneapolis: Winston Press, 1986), 129-152, at 130에서 재인용.

234) Richard P. McBrien, "The Church(Lumen Gentium)", in *Modern Catholicism: Vatican II and After*, ed., Adrian Hastings(New York: Oxford University Press, 1991), 84-95, at 85.

권리들을 언급했습니다. 오늘날, 우리는 교회 안의 다른 실재들 - 예를 들자면 은총과 성덕의 카리스마들 - 을 발견했습니다. 그것들은 순전히 사법적 관념들로는 규정될 수 없는 것들입니다. 어제, 우리는 무엇보다도 교회의 대외적 역사에 관심을 가졌습니다. 오늘, 우리는 똑같이 교회의 내적 생명에 관심을 갖습니다. 그 생명은 교회 안에 현존하시는 그리스도께서 가져다주신 생명입니다.[235]

몬티니는 교회가 제2차 바티칸 공의회에서 겪게 될 극히 중요한 전환을 성찰하고 있었다. 곧 우리는 **사법적** 시각에서 **신학적** 시각으로의 전환을 보게 될 것이고, 「인류의 빛」은 이 전환의 알림이가 되리라는 것이었다. 율법적이고 전투적 용어를 지닌 교회 헌장의 초안은 1964년 11월에 이르러서는 '인류의 빛Lumen Gentium' 이 됐다. 그 빛은 물론 예수 그리스도의 인격이었다.

이 그리스도론적 초점은 교황 바오로 6세 신학의 중심이었다. 1963년 6월 30일 자신의 교황 대관식 연설에서, 바오로 6세는 이렇게 말했다. "저는 그 소리들을, 세상의 이 심원한 목소리들을 듣습니다. 하느님의 도우심과 선임자들의 모범으로, 저는 오늘의 세상에 그 질병들의 치유책을, 그 호소에 대한 답변을 곧 그리스도와 그분의 더할 나위 없는 부

---

[235] Cardinal Giovanni Montini, "Il mistero della chiesa nella luce dI S. Ambrogio", in *L'Osservatore Romano*(December 10-11, 1962), 6.

요를 끊임없이 계속 제공할 것입니다."[236] 그리고 1963년 9월 29일 제2차 바티칸 공의회 제2회기를 개막했을 때, 그는 형제 주교들과 세계에 이렇게 말했다. "극도로 단순화해서 세 가지 본질적 질문이 있습니다. 답변은 단 하나… 그리스도뿐이십니다. 그리스도는 우리의 원리이십니다. 그리스도는 우리의 희망이십니다. 그리스도는 우리의 목표이십니다."[237] 「인류의 빛」 제3항은 바오로 6세의 이 말을 밀접히 반향한다.

벨기에의 레온 수에넨스 추기경은 교회에 관한 문헌과 관련해 공의회에서 가장 의미심장한 목소리를 낸 이들 가운데 한 사람으로 입증됐다. 교회에 관한 문헌은 무엇보다도 교회의 "내적 생활"(내성, Ecclesia ad intra)을 먼저 논의해야 하며 이어서 교회의 "대외적 삶"(외연, Ecclesia ad extra)을 다뤄야 한다고 주장한 이가 그였다. 또 '인류의 빛'이라는 제목을 제안한 이도 수에넨스 추기경이었다.

교회에 관한 초안 '교회에 대해'를 「인류의 빛」 최종안과 비교할 때, 「인류의 빛」이 과연 변화를 위한 헌장이라는 것이 분명하게 두드러진다. 「인류의 빛」은 초안처럼 "투쟁하는 교회의 본성"이라는 제목의 장으로 시작하기보다 교회의 "신비"에 관한 장으로 시작한다. 신학자 리처드 맥브리언이 주목했듯이, 이것은 한낱 편집상의 조치가 아니었

---

236) 교황 바오로 6세, "대관식 연설", 1963년 6월 30일.
237) Congar, "Pilgrim Church", in *Vatican II Revisited*, ed. Stacpoole, 129-52, at 134.
238) McBrien, "Church", 85, 88. 여기서 주목해야 할 것은 ad extra 논의가 "schema 13"으로 언급되던 문서에서 나중에 분리됐다는 사실이다. 이 문서는 결국에는 「기쁨과 희망」으로 공포되기에 이른다.

다. 그보다는 "교회의 실재를 이해하는 방식에서의 근본적 전환을 반영한다."[238]

아래에서는 「인류의 빛」이 신비라고, 친교라고, 성사라고, 종말론적이라고 밝히는 교회에 대한 이 새로운 이해를 검토하면서 교회 신학을 위한 의미심장한 신학적 함의들을 이해하고자 시도할 것이다. 그리고 물론, 여러 해 동안 제2차 바티칸 공의회를 위한 길을 준비해온 그 예언자들을 다시 만날 것이다. 우리는 교회가 변했음을 보게 될 것이다. 정적이고 불변하고 시간과는 무관한 실체에서 하느님 안에서만 발견되는 진리의 충만함이라는 궁극적 운명을 향한 여정에 있는 역동적이고 순례하는 백성으로.

교회는 신비다

사람들, 특히 공의회 이전의 공식 문헌들에서 사용된 용어들에 친숙한 사람들은 「인류의 빛」에서 교회에 관해 말하기 위해 사용하는 언어에 놀라지 않을 수 없다. 제2차 바티칸 공의회 이전에, 로마 가톨릭은 종종 모든 답변을 지니고 있다는 인상을 주었다. 로마 가톨릭은 신앙에 관련된 모든 것에 관해 엄청난 확실성을 지니는 것으로 비쳤다. 이로 인해 로마 가톨릭 교회 신자들은 교회 밖의 사람들에게 빈번히 "교회론적 개선주의"라는 비난을 사기도 했다. 대단히 슬프게도, 이 비난은 종종 정당했다. 하지만 여기, 교회가 자신의 고유한 자기 이해를 드러내는 문헌의 바로 첫 장에서, 교회는 신비라는 단어를 사용한다. 교황 바오로 6세는 공의회 제2회기 개막 연설에서 주교들이 이 용어가 어떻게 이해되기를 원하는지를 우리가 통찰하도록 해준다. 교황은 교회가 과연 신비, "하느님의 숨은 현존이 밴 실재"[239]라고 선언한 것이다.

제2장에서 주목했듯이, 카를 라너는 신비란 "내가 알 수 없는 것이 아니다. (그보다는) 신비는 내가 다 파헤칠 수 없는 것이다. 나는 결코 그것을 명확하게 파악할 수 없다."[240]고 묘사했다. 공의회 교부들은 라너의 이해를 받아들여 하느님의 숨은 현존으로 가득 찬 신비인 교회는 단순하게 정의를 내릴 수 없다고 인정한다. 이는 마치 하느님이 정의를 내릴 수 없는 분이신 것과 마찬가지다. 이러한 실재들에 관해 이야기할 때 인간은 기껏해야 설명적 표징들을 사용할 수 있을 따름이다. 그래서 성서는 하느님에 관해 독수리 같다고, 바위 같다고, 결코 자기 아이를 잊지 않는 어머니 같다고 언급한다. 교회에 대해서도 마찬가지다. 교회는 참으로 하나의 신비이기에, 인간은 정의를 내려서는 교회를 결코 감히 파악할 수 없다. 「인류의 빛」이 신비라는 단어의 정의를 내리지 않는 것이 놀라운 일은 아니다. 하지만 1964년에, 그 단어의 의미에 관해 많은 질문이 제기된 후에, 공식적인 "해석"이 제시됐다.[241] 그 설명에 따르면 신

---

239) 교황 바오로 6세, 제2차 바티칸 공의회 제2회기 "개막 연설", 1963년 9월 29일.
240) Michael Buckley, SJ, "Within the Holy Mystery" in *A World of Grace*, ed. Leo J. O'Donovan(New York: Crossroad, 1981), 31-49, at 40.

비라는 단어는 "구원과 관련되는 그리고 좀 감지할 수 있는 방법으로 계시되고 드러나는 초월적이고 신적인 실재를 가리킨다. 그러므로 성서에서 발견되는 이 용어는 교회에 대한 지칭으로 아주 적합하다."[242]

교회의 표상으로 **신비**라는 단어를 선택하는 가운데, 공의회 교부들은 중요한 핵심을 만들고 있었다. 제1장에서 우리는 생명을 주는 언어로 신학을 이야기할 필요성에 대해 논의했다. 「인류의 빛」 저자들은 과거 신스콜라학의 언어를 배격하고 신약성서의 언어로 신앙을 쇄신하기로 선택한 것이다. 발터 카스퍼는 이를 다음과 같이 옳게 지적했다.

> 공의회의 **아조르나멘토**는 공의회가 다시 한 번 교회의 신비 전면에 들어갔다는 사실에 있다. 지난 3세기 동안 지배해온 가시적이고 교계적인 형태의 교회에 대한 편향된 집중과는 대조적으로 신비의 교회는 신앙 안에서만 파악될 수 있기 때문이다.[243]

교회를 신비로 묘사하기로 선택한 것은 교회 신학에 대한 제2차 바티칸 공의회의 기여에 있어 가장 중요한 신학적 발전 가운데 하나였다. 왜냐하면 "교회 안의 하느님 현존을 새로이 관상하도록 교회를 일깨우기

---

241) Michael G. Lawler and Thomas J. Shanahan, SJ, *Church: A Spirited Communion*(Collegeville, MN: Liturgical Press, 1995), 7.
242) *Acta Synodalia* 2/1:455.
243) Walter Kasper, *Theology and Church*(New York: Crossroad, 1989), 151.

때문이다."²⁴⁴⁾ 이 하느님은 삼위일체의 친교로 이해되는 하느님이다. 「인류의 빛」은 바로 그 처음부터 교회의 신비를 교회 삶의 원천인 성삼위의 궁극적 신비에 연결시킨다.²⁴⁵⁾

> 영원하신 하느님 아버지께서는 당신 지혜와 자비의 지극히 자유롭고 심오한 계획으로… 그리스도를 믿는 이들을 거룩한 교회 안에 불러 모으기로 결정하셨다. 이 교회는 세상이 생길 때부터 미리 예표되었고, 이스라엘 백성의 역사와 구약에서 오묘하게 준비되었고 마지막 시대에 세워져 성령 강림으로 드러났으며… 성자께서는 성부에게서 파견되어 오셨다. … 그리스도께서는 성부의 뜻을 이루시려고 지상에서 하늘나라를 세우기 시작하시고 성부의 신비를 우리에게 계시하셨으며… 성부께서 성자께 지상에서 이루시도록 맡기신 일이 성취된 다음, 오순절에 성령께서 교회를 끊임없이 거룩하게 하시도록 파견되셨다. … 이렇게 온 교회는 성부와 성자와 성령의 일치로 모인 백성으로 나타난다.²⁴⁶⁾

앙리 드 뤼박은 신비로서의 교회에 대한 제2차 바티칸 공의회의 이해

---

244) Lawler and Shanahan, *Church*, 6.
245) Gerard Philips, "History of the Constitution", in *Commentary on the Documents of Vatican II*, Vol. I, ed. Herbert Vorgrimler(New York: Herder & Herder, 1967), 105-137, at 112.
246) 「인류의 빛」 2, 3, 4항.

에 기여한 "신 신학자들" 가운데 또 다른 한 사람이었다. 드 뤼박은 자신의 책 「역설이자 신비인 교회The Church: Paradox and Mystery」에서 이렇게 썼다.

> 교회는 언제나 사람이 파악할 수 없는 하나의 신비다. 왜냐하면 질적으로, 교회는 인간의 지식으로 언급할 있는 다른 모든 대상들로부터 전적으로 벗어나 있기 때문이다. 하지만 동시에, 교회는 우리에게 관심을 갖고 우리와 접촉하며 우리 안에서 행동하고 우리를 우리 자신에게 밝혀준다.[247]

교회의 신비는 강생의 신비처럼, 신적인 것과 인간적인 것의 결합이다. 또는 로마노 과르디니가 그 관계를 설명한 것처럼, 교회의 "참된 내적 형태"와 그 외적 드러남의 결합이다. 로마노 과르디니는 교회를 신비로 언급한 "신 신학자들"의 제1세대 가운데 한 사람이었다. 일찍이 1907년에, 과르디니는 튀빙겐 학파의 신학 특히 요한 아담 묄러의 신학에 매료돼, 교회를 "신비스러운 실재"라고 언급하고 있었다. (1825년으로 거슬러 올라가면, 묄러는 교회를 신비적 친교라고 이야기하고 있었다.) 교회를 신비로 보는 과르디니의 교회관이 지닌 큰 강점들 가운데 하나는 고대 교회 모델을 되찾았다는 데 있다. 곧 살아 계신 그리스도께서, 일치의

---

247) Hemri de Lubac SJ, *The Church: Paradox and Mystery*, trans. James R. Dunne(New York: Alba House, 1969), 14 [불어 원저 1967]

원천이신 성령과 함께 하는 신앙 공동체의 중심이시라는 것을 인식한 것이다.[248] 과르디니 시대의 지배적인 교회 신학을 고려할 때, 그의 통찰은 더 더욱 예언자적인 것으로 부각된다. 과르디니의 교회관에 대한 논의를 포함시키지 않고서는 제1차 바티칸 공의회의 교회론에서 제2차 바티칸 공의회의 교회 이해로의 여정을 이해할 수 없다고 말하는 것이 타당할 것이다.[249]

신학적 관점에서, 신비는 하느님을 우리에게 밝혀주는 실재다. 그러므로, 신비는 **성사**sacrament라는 단어와 교환해서 사용될 수 있다.[250] 오랜 세월에 걸쳐 성사라는 단어에 대한 여러 정의가 있었다. 5세기에, 성 아우구스티누스는 성사를 "보이지 않는 실재의 보이는 표징"이라고 묘사했다. 공의회 이전의 교리서는 성사란 "은총을 주시기 위해 그리스도께서 제정하신 외적인 표징"이라고 주장했다. 본질적으로, 성사는 하느님을 현존케 한다. 그런 만큼, 예수 그리스도는 궁극적 성사이시다. 아주 독특한 방식으로, 예수 그리스도는 하느님을 세상에 현존케 하시기 때문이다. 1938년으로 거슬러 올라가면 앙리 드 뤼박은 이 개념을 예언자적으로 확대해 이렇게 말했다. "만일 예수 그리스도를 하느님의 성사라고 부를 수 있다면, 그때에 우리를 위해 교회는 그리스도의 성사다."[251]

---

248) Robert A. Krieg, CSC, *Romano Guardini: A Precursor of Vatican II*(Notre Dame, IN: University of Notre Dame Press, 1997), 57, 52, 58.
249) Josef Meyer zu Schlochtern, *Sakrament Kirche*(Freiburg: Herder, 1992), 43-44; Avery Dulles, SJ, "Theology and Philosophy", in *The Craft of Theology,* exp. ed.(New York: Crossroad, 1995), 119-34, 120을 보라.
250) Dennis M. Doyle, *Communion Ecclesiology: Vision and Versions*(Maryknoll, NY: Orbis Books, 2000), 58.

교회를 성사로 보는 발상은 「인류의 빛」 신학에서 중심 자리를 자리했다. 「인류의 빛」은 첫 대목에서 이렇게 밝힌다. "교회는 그리스도 안에서 성사와 같다. 교회는 곧 하느님과 이루는 깊은 결합과 온 인류가 이루는 일치의 표징이며 도구이므로…." 그런 다음 다시 7장에서는 이렇게 언급한다. "그리스도께서는… 죽은 이들 가운데에서 부활하시어 생명을 주시는 당신 성령을 제자들에게 보내 주시고 성령을 통하여 당신 몸인 교회를 구원의 보편 성사로 세우셨다."[252]

구원의 성사로서의 교회 이해는 교회에 대한 카를 라너의 "등록상표 이미지"로 지칭돼 왔다.[253] 공의회 교부들이 공의회에서 교회를 성사로 지칭하기로 작정했을 때, 비 가톨릭 신자들이 우려했다. 그들은 그런 지칭이 로마 가톨릭 교회를 일종의 "교회론적 개선주의"에 거꾸로 미끄러져 들게 할 수 있다고 걱정했다. 이것은 공의회 이전 시기에는 분명히 문제였다. 하지만 라너의 접근 방법은 이 문제를 피해 간다. 일찍이 1934년에, 라너는 죄인들도 계속 교회 구성원들이라고 인정했다. 이는 "이상화된" 교회관을 예방한다.[254] 「인류의 빛」은 라너의 이해를 반향한다. 교회의 인간적 요소와 신적인 요소를 '강생하신 말씀'의 신비에 비긴 후, 「인류의 빛」은 이렇게 덧붙인다. "거룩하시고 순결하시고 흠이

---

251) Henri de Lubac, SJ, *Catholicism*, trans. L. C. Sheppard(London: Burns & Oates, 1950), 291.
252) 「인류의 빛」 1, 48항.
253) Lennan, *Ecclesiology*, 18.
254) Karl Rahner, SJ, "Confessions", *Theological Investigations* iii. 187(*Schriften zur Theologie* iii. 223). Lennan, Ecclesiology, 28에서 재인용.

없으신 그리스도께서 죄를 모르셨지만 오로지 백성들의 죄를 없애러 오셨으므로, 자기 품에 죄인들을 안고 있어 거룩하면서도 언제나 정화되어야 하는 교회는 끊임없이 참회와 쇄신을 추구한다."[255] 교회를 성사라고 조심스럽게 단언하면서도 공의회 교부들은 이를 다루는 첫 대목에서 "같은veluti" 이라는 단어를 사용한다. 교회는 성사와 "같다"는 것이다. 교회는 자신이 그리스도로부터 비롯한다는 것을 안다. 그리고 하느님을 세상에 현존케 하는 교회의 진정성은 교회가 전적으로 그리스도께 예속된다는 데서만 이해될 수 있다. 그럼으로써 교회는 교회가 본래 그 자체로 목표라는 여하한 의미도 피할 수가 있는 것이다. 여기서 교회를 구원의 성사로 보는 「인류의 빛」에 들어 있는 한 가지 의미심장한 요소를 주목하는 것이 중요하다. 나중에 논의하게 되겠지만, 공의회 교부들은 로마 가톨릭 교회 밖에 있는 이들에게 구원이 없다고 주장하고 있지 않았던 것이다.

하지만, 구원의 성사인 교회에 이런 뉘앙스가 있다는 아주 신중한 이해에도 불구하고, 공의회 이전 - 많은 가톨릭 신자들이 여전히 교회 밖에는 구원이 있을 수 없다고 믿었던 때 - 에 살지 않았던 사람들에게는 이 발전이 교회의 자기 이해에 얼마나 중요한지를 제대로 전달하기가 어렵다. 교회사가 존 오맬리의 의견은 이렇다. 그는 공의회의 결과로 오게 된 많은 변화들을 논의하면서 이렇게 주장한다. "그 모든 변화들 가

---

255) 「인류의 빛」 8항.

운데서… '교회 밖의 구원', 심지어 그리스도교 밖에도 구원이 있다는 것보다 더 깊은 함의를 지닌 변화는 거의 없었다." 그리고, 이 점을 더 설명하기 위해, 오맬리는 교황 보니파시오 2세가 1302년에 한 말을 인용한다. 그 교황은 이렇게 단언했었다. "나아가, 본인은 모든 인간이 로마 교황에게 예속되는 것이 구원에 절대로 필요하다고 선언하고 진술하며 규정한다."[256] 제2차 바티칸 공의회 이전 교회에 살던 로마 가톨릭 신자들은 교회의 구원 신학이 이토록 변화하리라고는 좀처럼 상상할 수 없었을 것이다. 그들에게 그런 변화란 생각할 수조차 없었을 것이다. 아마 카를 라너라면 그토록 놀라지는 않았을 것이다. 공의회 직전에 쓴 한 논고에서, 라너는 이렇게 강조했다. "교회가 계획하지 않은 방향으로 교회를 움직일 수 있는 분은 성령이셨다."[257] 라너는 성령의 능력을 절대적으로 신뢰하면서 교회가 언제나 성령께 열려 있어야 한다고 보았기에 다음과 같은 주장을 폈다.

> 하느님은 교회에 물으신다. 미래 속으로 사도적 돌진을 감행할 용기가 있는지를, 그리하여 사라져 없어질 만큼 아직 충분히 세월이 흐르지 않았기에 오래 전부터 유물로만 계속 존재할 따름이라는 인상을 아무에게도 주지 않을 정도로 자신을

---

256) John W. O'Malley, SJ, "Development, Reforms, and Two Great Reformations: Towards a Historical Assessment of Vatican II", *Theological Studies* 44(1983), 373-406, at 394.
257) Lennan, *Ecclesiology*, 81.

자유로이 세상에 드러낼 용기가 있는지를.[258]

1944년, 성 토마스 아퀴나스에 관한 한 책에서, 이 저자는 이렇게 썼다. "그 시대와 더 조화를 이루지 못하는 신학은 그릇된 신학이다."[259] 기회가 주어진다면, 라너는 아마도 이렇게 덧붙였을 것이다. "성령께 귀 기울이지 않는 신학은 그릇된 신학이다."

신약성서에는 "하느님께서는 모든 사람이 구원을 받(고 진리를 알)게 되기를 원하십니다."[260]라는 구절이 있다. 성서 비평의 수단들을 사용해 성서를 읽는 문을 열어놓은 문헌인, 교황 비오 12세의 1943년 회칙 「성령의 영감」 이후 성서 해석 분야의 발전을 고려할 때, 교회가 더는 근본주의적 방식으로 성서에 접근하지 않고 있었다. 하지만 신학자들은 비록 성서에 역사적으로 부정확한 것들이 있다 하더라도, 신학적으로 부정확한 것들은 전혀 없다는 것을 알았다. 그래서, 하느님께서 모든 이가 구원 받기를 바라신다는 티모테오 1서 2장 4절은 성서학자들에게 진지한 물음들을 제기했다. 이 구절은 신학적 유의미성을 지니는 것이 틀림없다. 교회를 성사로 보는 공의회의 교회관은 하느님의 구원경륜에서 교회의 역할을 가리키는 것이었다.[261] 여러 해 동안 신학자들은 "모든 사람의 구원"이 이루어질 길을 찾고 있었다. 보편적 유의미성을 지니는

---

258) Karl Rahner, SJ, "Changing Church", in *The Christian of the Future*, trans. W. J. O'Hara(London: Burns & Oates, 1967), 36.
259) H. Bouillard SJ, *Conversion et grace chez S. Thomas d'Aquin*(Paris: Aubier, Editions Montaigne, 1944), 219.
260) 1티모 2,4.

그런 돌파구는 그토록 많은 이들이 희망했던 발전이 되리라는 것은 말할 필요가 없다. 이와 관련, 「인류의 빛」은 특히 콩가르와 라너 같은 학자들의 노고를 바탕으로, 다음과 같이 주목할 만한 주장을 했다.

> 하지만 구원 계획은 창조주를 알아 모시는 사람들을 다 포함하며, 그 가운데는 특히 모슬렘도 있다. 그들은 아브라함의 신앙을 간직하고 있다고 고백하며… 자비로우시고 유일하신 하느님을 우리와 함께 흠숭하고 있다. 어둠과 그림자 속에서 미지의 신을 찾고 있는 저 사람들에게서도 하느님께서는 결코 멀리 계시지 않으신다. 하느님께서 모든 사람에게 생명과 호흡과 모든 것을 주시고, 구세주께서 모든 사람이 구원받게 되기를 바라시기 때문이다. 사실 자기 탓 없이 그리스도의 복음과 그분의 교회를 모르지만 진실한 마음으로 하느님을 찾고 양심의 명령을 통하여 알게 된 하느님의 뜻을 은총의 영향 아래에서 실천하려고 노력하는 사람은 영원한 구원을 얻을 수 있다. 또한 하느님의 섭리는 자기 탓 없이 아직 하느님을 분명하게 알지 못하지만 하느님의 은총으로 바른 생활을 하려고 노력하는 사람들에게는 구원에 필요한 도움을 거절하지 않으신다. 사실 그들이 지닌 좋은 것, 참된 것은 무엇이든지 다 교

---

261) Alois Grillmeier, SJ "Mystery of the Church", in *Commentary on the Documents of Vatican II*, Vol. I, ed. Herbert Vorgrimler, trans. Kevin Smyth(New York: Herder & Herder, 1967), 138-52, at 140.

회는 복음의 준비로 여긴다.[262]

누가 구원을 받을 수 있는지에 대한 물음과 관련한 교회의 사유에 있어서 이 믿기지 않는 발전은 「인류의 빛」을 따르며 교회의 대외적 관계 Ecclesia ad extra를 다룬 문헌 「기쁨과 희망」에서 다시 울려 퍼진다. 「기쁨과 희망」 22항에서, 공의회 교부들은, 파스카 신비에 합치된 그리스도인들에게 부여된 저 놀라운 선물들에 관해 쓰고 있다. 이 항의 결론 부분에서, 우리는 공의회 문헌들에서 가장 주목할 만한 진술들 가운데 하나를 발견한다.

> 이것은 그리스도인만이 아니라 그 마음에서 은총이 보이지 않게 움직이고 있는 선의의 모든 사람들에게도 들어맞는 말이다. 사실 그리스도께서는 모든 사람을 위하여 돌아가셨고 또 인간의 궁극 소명도 참으로 하나 곧 신적인 소명이므로, 우리는 성령께서 하느님만이 아시는 방법으로 모든 사람에게 이 파스카 신비에 동참할 가능성을 주신다고 믿어야 한다.[263]

공의회 교부들은 한편으로는 구원을 얻기 위해 은총이 절대적으로 필요하다고 언명하고 있었다. 다른 한 편으로, 교회 삶에서 참으로 은총을

---

262) 「인류의 빛」 16항.
263) 「기쁨과 희망」 22항.

입은 순간으로 여겨야 하는 것에서, 그들은 구원 가능성이 보편적으로 열려 있다고 주장하고 있었다.[264]

앞에서 언급한 공의회 제2회기 개막 연설에서, 교황 바오로 6세는 교회가 신비라는 관념을 긍정했다. 이 개막 연설에서 그는 계속해서, 교회가 하느님의 현존에 젖은 신비이기에 "자신의 본성에 대한 새롭고 더 깊은 통찰을 얻는 것이 늘 가능하다."[265]고 말했다. 전 인류의 구원 가능성에 대한 제2차 바티칸 공의회의 가르침은 분명히 이 깊고 새로운 통찰들 가운데 하나다.

이제 교회의 자기 이해에 관한 제2차 바티칸 공의회의 또 다른 "깊은 통찰" 곧 친교communio로서의 교회로 옮겨간다.

교회는 친교다

제2차 바티칸 공의회에 관해 쓴 책과 논고들은 무수하다. 그 모든 논평가들이 공의회나 또는 공의회 교부들이 내놓은 16편의 문헌에 대한 해석에 일치하지는 않는다. 하지만 한 가지 점에서는 일치한다. 이 일치를 이야기하면서, 헤르만 포트마이어Hermann Pottmeyer는 "교회를 친교이

---

264) John Galvin "Salvation outside the Church", in *The Gift of the Church*, ed. Peter C. Phan(Collegeville, MN: Liturgical Press, 2000), 249-66, at 264.
265) 교황 바오로 6세, "개막 연설."

자 세상 구원의 표징으로 삼으라는 공의회의 초대에 입각해"[266] 제2차 바티칸 공의회를 해석하는 공통된 접근 방식을 제시했다.

교회를 "친교"로 보는 시각은 새로운 것이 아니다. 실제로, 친교 교회론은 신약성서에서 드러난 것처럼, 교회 안에서 바로 첫 교회론이었다. 최근의 한 책에서, 데니스 도일Dennis Doyle은 "친교 교회론은 교회를 이해하는 하나의 접근 방식이다."라고 주장한다. 친교 교회론은 제도로서의 교회에 초점을 두기보다 교회의 성사적 차원과 역사적 차원을 강조한다. 그는 이 교회론의 접근 방식에는 여러 가지 유형이 있지만 그 유형들은 전반적으로 네 가지 특징적 요소를 포함한다고 본다. (1)첫 천년기 그리스도인들이 전제로 삼은 교회 이해를 회복한다. (2)교회의 제도적 요소들에 대치되는, 인간과 하느님의 친교 측면을 강조한다. (3)성찬례 동참을 통한 가시적 일치의 필요성을 높이 평가한다. (4)교회 내 일치와 다양성이라는 역동적 상호 작용을 증진한다.[267]

이런 특징들은 제2차 바티칸 공의회 이전의 대다수 가톨릭 신자들 마

---

266) Hermann J. Pottmeyer, "A New Phase in the Reception of Vatican II: Twenty Years after the Council", in *The Reception of Vatican II,* eds. Giuseppe Alberigo, Jean-Pierre Jossua, OP, and Joseph Komonchak, trans. Matthew J. O'Connell (Washington, DC: Catholic University of America Press, 1987), 27-43, at 29 [불어 원저 1985]. 또한 Doyle, *Communion,* 73, 78; Lawler and Shanahan, *Church,* 1; Cardinal Joseph Ratzinger, Congregation for the Doctrine of the Faith, *Catholic International* 3 (1992), 761, n. 1; Hermann J. Pottmeyer, "Dialogue as a Model for Communication in the Church", *Catholic International*(November 2001), 41-44; Joseph Komonchak, "The Significance of Vatican II for Ecclesiology", in *The Gift of the Church,* ed. Peter C. Phan(Collegeville MN: Liturgical Press 2000), 69-92, at 88; Patrick Granfield, *The Papacy in Transition*(Garden City, NY: Doubleday and Company, 1980), 60, 63; Krieg, *Romano Guardini,* 52, 66; Josef Franz van Beeck, SJ, *Catholic Identity after Vatican II*(Chicago: Loyola University Press, 1985), 39를 보라.

음에 지배적이었던 그 교회론과 뚜렷한 대조를 보인다. 하지만 우리가 보았듯이, 이브 콩가르는 다른 "신 신학자들"과 함께 원천으로 돌아감 - 그 자신을 위해 그리고 교회를 위해 보배로운 통찰을 드러낼 돌아감 - 의 가치에 진짜로 투신했다.

한 가지를 들자면, 신약성서 연구는 현행 교회 구조를 절대적으로 여길 필요가 없다는 것을 밝혀주었다. 후대의 교회가 신약성서를 되돌아보고는 일치를 특징으로 여겼다고 해서 신약 성서의 공동체들에서 - 교회의 미래를 위한 영구 규범으로 여겨야 할 직무의 엄격한 위계가 아니라 - 다양한 목소리를 발견할 수 있다는 사실이 없어지지 않는다. 우리가 발견하는 것은 초기 교회의 필요들에 부응해 발전한 리더십의 다양한 형태들이다.

콩가르는 공의회에서 교부들의 작업에 크게 기여하게 될 또 다른 중요한 통찰을 신약성서에서 얻는다. 그것은 성령에 대한 연구인 "성령론"으로 알려진 신학 분야의 재발견이었다. 어쨌든, 세월이 흐르면서 교회는 교회론에서 성령론적 차원을 소홀히 했다. 균형 잡힌 교회론을 지니려면, 교회 창립에 있는 그리스도론 요소와 성령론 요소를 처음부터 다 인정해야 한다. 이 교회 창립은 나자렛 예수(역사의 예수)와 부활하신 그리스도 그리고 성령의 활동 결과였다. 예수께서는 사도들을 부르셨고, 부활하신 그리스도께서는 그들에게 사명을 주셨다. 그리고 사도들은

---

267) Doyle, *Communion*, 12, 13.

오순절에 성령으로 세례를 받았는데, 교회 창립에 있어서 하느님 활동이 정점에 이른 사건이었다. 교회 창립은 성령의 활동과 분리시켜서는 이해할 수 없다. 콩가르는 이 성령을 "교회의 공동 창설자"로 부른다. 그러니, 참다운 교회론은 그리스도론적 차원(교회 안에서 첫 직무 수행자들을 부르고 그들에게 임무를 부여하는 것)뿐 아니라 성령론적 차원(개별 구성원 안에서의 성령의 활동)을 모두 소중히 여기는 교회론이다. 하지만 로마 가톨릭의 교회론은 전통적으로 교회 창설에 있어서 그리스도론적 차원을 강조했고, 그래서 교회 안에서 직무를 지니는 이들의 유의미성을 강조했다. 그런 강조는 교회의 제도적 측면에 호의를 보이지만, 첫 사도들처럼 성령으로 세례를 받은 구성원들의 적법한 역할에 대해서는 간과한다. "교회에 대해 참으로 가톨릭적인 시각을 지니려면, 이 두 가지 측면을 함께 붙들어야 한다."[268] 균형 잡힌 교회론이 필요하다는 이런 이해는 분명히 제2차 바티칸 공의회가 교회에 관한 교의 헌장 「인류의 빛」에서 취한 입장이다. 교회 안에서 평신도의 자리에 관한 공의회의 가르침은 단지 그 한 가지 보기일 따름이다. 공의회 교부들은 이렇게 주장한다.

> 성령께 도유를 받은 신자 전체는 믿음에서 오류를 범할 수 없으며, "주교에서 마지막 평신도에 이르기까지" 신앙과 도덕 문제에 관하여 보편적인 동의를 보일 때에, 온 백성의 초자연적

---

268) Miguel M. Garijo-Guembe, *Communion of Saints* (Collegeville, MN: Liturgical Press, 1994), 37, 2, xi.

신앙 감각의 중개로 이 고유한 특성을 드러낸다. 실제로 진리의 성령께서 일깨워 주시고 지탱하여 주시는 저 신앙 감각으로….[269]

이는 콩가르가 취한 바로 그 입장이기도 하다.

(콩가르는) 성령께서 교회의 그리스도론적 본성과 늘 조화를 이루지만… 여전히 독특한 역할을 수행하신다고 주장한다. 교회가 종말론적 성격을 지니기 때문이다. 교회는 아직 완성되지 않았고, 아직 불완전한 만큼 완성을 향한 여정에 있기 때문이다. 콩가르에게, 성령은 단지 현상을 수호하기 위해 활용할 수 있는 것이 아니다. 성령께서는 구조적 개혁을 일으키는 데에 하실 역할이 있으시다.[270]

제2차 바티칸 공의회는 무에서 뭔가를 만들어 낸다는 의미에서는 창조적이 아니었다는 점이 주지돼 왔다.[271] 교계 교회에서 친교 교회로의 전환은 다양한 원인과 영향의 결과였다. 그리고 신학자의 작업은 자기보다 앞서간 신학자들의 토대 위에 구축되는 경우가 종종 있다. 이브 콩가르의 경우 확실히 그러했다.

---

269) 「인류의 빛」 12항.
270) Doyle, *Communion*, 48.

19세기에는, 교계 교회에서 친교 교회로의 전환이 서서히 일어나고 있었는데, 이 교회론적 운동의 큰 센터들 가운데 하나가 독일 튀빙겐 신학교였다. 요한 아담 묄러(1796~1838)는 이 학교의 뛰어난 학생들 가운데 한 명이었다. 그는 콩가르의 많은 신학적 통찰에 토대를 제공해 주었다. 콩가르는 "(묄러에게서), 나는… 원천을 발견했다. 묄러가 19세기에 행한 것이 20세기에는… 내게 이상理想이 됐다."[272]고 인정했다. 그런데 1970년에도, 콩가르는 튀빙겐 학부를 기리는 한 책에 기고하면서 이렇게 썼다. "묄러는 오늘날에도 극히 중요한 원천이 될 수 있다. 그것이 지난 40년 동안 내게 그의 존재 의미였다."[273]

묄러는 교부 및 중세 학자였는데, 공동체로서의 교회에 그리고 은총 생활의 내적 실재에 연구의 초점을 뒀다. 그는 세 가지 이유에서 교회론 역사의 중심 인물이다.

첫째, 그의 초기의 성령 중심의 교회 이해는…20세기에, 가장 두드러지게는 이브 콩가르에게, 영향을 미쳤다. 둘째, 그의 성숙한 강생 중심 교회론은 교회가 그리스도의 신비체 표상을 재발견하는 데에 대단히 중요했다. 사람들은 그것이 비오 12세의 회칙 「신비체Mystici Corporis」(1943)에 미친 영향을 알

---

271) Fahey, "Church", 31.
272) Bradford E. Hinze, "The Holy Spirit and the Catholic Tradition", in *The Legacy of the Tübingen School*, eds. Donald J. Dietrich and Michael J. Himes(New York: Crossroad Publishing Company, 1977), 78.
273) Yves Congar, OP, "Johann Adam Möhler, 1796-1837", *Theologische Quartalschift* 150(1970), 50-51, at 51.

수 있다. 하지만 셋째이자 가장 중요한 것은, 그의 그리스도론과 신학적 인간학이 서로 작용해 발전한 그의 교회론은 이후 신학자들이 교회를 이해하는 방식에 점차적으로 영향을 미쳤다는 점이다. 묄러 이후로, 교회는 더는 신앙 신비의 전달자가 아니었다. 교회 자체가 그 신비의 모습이었다.

교회론의 초점은 교회의 제도적 차원에 관한 물음들에서 교회의 내적 본성 및 구원 계획에 있어서 세상 안에서의 교회 사명에 대한 논의들로 옮겨갔다.[274]

친교로서의 교회 개념은 참으로 풍부한 교회론을 낳는다. 이 교회론은 성령을 교회 안 생명의 원천으로 보면서 교회 건설을 위해 성령께서 모든 지체들에게 주신 카리스마의 역할을 새로이 식별하도록 장려한다. 친교 교회론은 신학적으로 많은 것을 함축한다. 지역 교회와 보편 교회의 관계가 그 하나로, 이는 교회 안에서 교황과 주교들 간의 관계와 밀접히 관련된다. 「인류의 빛」 제3장은 주교직, 주교단에 특별한 초점을 두면서 교회의 교계 구조에 대한 논의에 전념한다. 이 장이 촉발시킨 논쟁은 공의회의 논의에서 가장 격렬한 논쟁에 속했다. 제2차 바티칸 공의회의 다른 대다수 주제들과 마찬가지로, 두 가지 대조되는 입장이 작용하고 있었다. 한쪽에서는 교황 수위권을 저해할까봐 두려워한 주교

---

274) Michael J. Himes, "The Development of Ecclesiology: Modernity to the Twentieth Century" in *The Gift of the Church*, ed. Peter C. Phan(Collegeville, MN: Liturgical Press, 2000), 45-67, at 58-59.

들이 있었다. 반대쪽 주교들에게는 교황 절대주의에 대한 두려움이 있었다.[275] 이 두 번째 집단에는 우려할 이유들이 있었다. 제2차 바티칸 공의회 이전에는 단체적 모델보다 군주적 교회 통치 모델을 더 우선하는 경향이 지배적이었던 것이다. 이런 관점에서는 위에서부터 부과되는 획일성을 통해 일치가 이루어진다. 헤르만 포트마이어Hermann Pottmeyer가 주목했듯이, "대화"라는 커뮤니케이션 방법은 교회 안에서 새로운 발상이다. 제2차 바티칸 공의회 이전 교회론에서 핵심 단어들은 사법권과 복종이었다.[276] 따라서 제2차 바티칸 공의회의 진짜 과제는 "일치의 요구들을 다양성의 필요들과 화해시키는"[277] 방법을 찾는 것이었다.

「인류의 빛」은 이 균형을 이루려고 노력했다. 「인류의 빛」은 교황 수위권에 대한 제1차 바티칸 공의회의 입장을 확인했다. 하지만 그것을 단체성을 언명하는 맥락에 조심스럽게 두었다.

> 거룩한 베드로와 다른 사도들이 하나의 사도단을 이루듯이, 비슷한 이치로 베드로의 후계자인 교황과 사도들의 후계자인 주교들도 서로 결합되어 있다. 전 세계에 세워진 주교들이 일치와 사랑과 평화의 유대로 서로 교류하고 교황과 친교를 이

---

275) McBrien, "Church", 84.
276) Pottmeyer, "Dialogue", at 41-42.
277) Komonchak, "Significance of Vatican II", at 87.

루던 매우 오랜 옛 규율과 공의회 모임 자체가 주교단의 단체적 본질과 특성을 드러내준다. … 여러 세기의 흐름 속에서 개최된 세계 공의회들이 그 단체성을 명백히 증명하고 있다.

그런데 「인류의 빛」은 계속해서 이렇게 말한다.

그러나 주교들의 단체인 주교단은 동시에 그 단장으로서 베드로의 후계자인 교황과 더불어 이해되지 않을 때에는 권위를 가지지 못한다. 목자들이든 신자들이든 모든 이에 대한 교황의 수위권은 온전히 유지된다. … 주교단은 교도권과 사목 통치에서 사도단을 계승할 뿐 아니라 그 안에 사도단이 계속하여 존속하며, 그 단장인 교황과 더불어 보편 교회에 대한 완전한 최고 권력의 주체로도 존재한다. 그러나 이 단장 없이는 결코 그러하지 아니하다.[278]

카를 라너는 이 단락을 논평하면서 교계에 관한 이 장이 공의회 이전 수십 년 동안 그토록 우세했던 특정 형태의 로마식 중앙 집중화와 관련해 다소 비판적 태도를 보였다고 주장했다.[279] 교회 안의 지나치게 집중화된 권위 행사에 계속 비판적이었던 신학자들은 이런 발전을 환영했다.

---

278) 「인류의 빛」 22항.

제1차 바티칸 공의회와 제2차 바티칸 공의회 사이에, 우리는 교황 수위권과 무류성의 형태가 지나쳤음을 발견한다. 이 시기에, "군주적 '일인' 통치와 일종의 '스며드는 무류성'이 너무나 두드러졌고"[280], 이로 인해 콩가르 같은 신학자들은 "교회의 현 역사적 형태들에 대한 비판의 필요성이 상존한다"[281]고 주장하기에 이르렀다. 콩가르와 셰뉘 두 사람 모두 당대의 교회 모델을 "반反-진보적이고, 신스콜라학적이며 교황주의적" 특징을 지닌 "바로크식"(Baroque는 기괴하다는 뜻-옮긴이 주)이라고 비평했다.[282] 그리고 로마노 과르디니는 1937년에 교회의 "게으름과 불관용과 전제주의와 협소함"[283]을 비판했다. 이런 것들은 가혹한 말들이었다. 하지만 교회를 개혁하고자 애쓰고 있던 그런 신학자들의 마음에, 교회에 대한 충성은 권위에 대한 맹목적 복종을 필요로 하는 것이 아니었다. 공의회 이전 시기의 권위 행사에 대한 한 가지 결정적 비판은 콩가르가 제기한다. 그는 이렇게 단언했다. "나는 순전히 교황 군주제에 해당하는 것은 애초에 배격한다. 그것은 신약성서에서도 고대 그리스도교에서도 일관된 지지를 받지 못한다."[284]

---

279) Karl Rahner, SJ, "Chapter III - Articles 18-27", in *Commentary on the Documents of Vatican II,* Vol. I, ed. Herbert Vorgrimler(New York: Herder & Herder, 1967), 186-218, at 187.
280) Granfield, *Papacy in Transition,* 60.
281) Timothy I. MacDonald, *The Ecclesiology of Yves Congar: Foundational Themes*(Lanham, MD: University Press of America, 1984), 303.
282) Thomas F. O'Meara, OP, "Beyond 'hierarchology'", in *Legacy of the Tübingen School,* eds. Dietrich and Himes, 173-91, at 182,.
283) Krieg, *Romano Guardini,* 63.

제2차 바티칸 공의회의 교계 이해, 특히 단체성에 대한 입장은 앞에서 언급한 친교 교회론의 또 다른 요소인 지역 교회와 보편 교회의 관계를 위한 색조를 설정했다. 보편 교회는 교회들의 친교communio ecclesiarum, 한 성령에 의해 함께 모인 지역 교회들의 형제애로 이해된다.[285] 「인류의 빛」은 지역 교회가 그리스도의 교회를 현존케 한다고 주장한다.

충만한 성품성사를 받은 주교는 특히 성찬례 안에서 최고 사제직의 은총의 관리자가 된다. 주교가 스스로 봉헌하거나 봉헌되도록 돌보는 그 성찬례로 교회는 끊임없이 생명을 얻고 자라난다. 그리스도의 이 교회는 신자들의 모든 합법적 지역 집회에 존재하며, 자기 목자들과 결합되어 있는 이 회중을 신약성서에서 교회라고 부른다. 이 회중은 성령 안에서 굳은 확신으로 하느님께 부르심을 받아 자기 지역에서 새로운 백성이 되기 때문이다.

공의회 교부들이 직면한 한 가지 과제는 교회 일치를 보존하는 길을 찾으면서 아울러 그 일치의 상이한 표현들에 있는 가치를 발견하는 일이었다고 앞에서 언급했다. 「인류의 빛」은 이에 대해 이렇게 이야기한다.

---

284) Patrick Granfield, *Theologians at Work*(New York: Macmillan Company, 1967), 256.
285) Granfield, *Papacy*, 63.

단체적 일치는 또한 주교들이 각기 개별 교회들과 보편 교회와 맺고 있는 상호 관계에서도 드러난다. … 교황은 주교들의 일치는 물론 신자 대중이 이루는 일치의 영구적이고 가시적인 근원이며 토대이다. 그리고 개별 주교들은 자기 개별 교회 안에서 일치의 가시적인 근원과 토대가 된다. … 개별 주교들은 자기 교회를 대표하고 모든 주교는 교황과 더불어 평화와 사랑과 일치의 유대 안에서 온 교회를 대표한다.[286]

공의회 이전의 획일적 교회관을 고려할 때, 「인류의 빛」이 지역 교회의 적법성을 인정한 것은 대단히 중요하고 또한 주목할 만하다. 지역 교회의 중요성은 신약성서에까지 거슬러 추적할 수 있다. 신약성서에서는 코린토, 에페소, 로마, 예루살렘 그리고 그 밖의 지역에 있는 다양한 교회들이 신앙의 본질적 요소들에서는 합치되면서도 그 신앙을 생활하는 체험에 있어서는 - 예를 들어 규율과 전례 표현에서는 - 종종 달랐다. 예컨대 초기의 일부 지역 교회들은 더욱 제도적인 자기 이해를 반영하고 있었던 반면에 다른 지역 교회들, 특히 성 바오로의 신학에 영향을 받은 교회들은 확실히 더욱 카리스마적이었다. 하지만 그들은 모두 "주님도 한 분이시고 믿음도 하나이며 세례도 하나"[287]라고 고백했다.

지역 교회의 타당성과 유의미성은 공의회 이전 시기 신학자들의 저술

---

286) 「인류의 빛」 26, 23항.

들에서 큰 관심의 대상이었다. 그들에게, 지역 교회를 위한 신학적 정당화는 교회의 영혼이자 카리스마들을 주시는 성령께 대한 믿음에 뿌리박고 있었다. 제2차 바티칸 공의회 이전에, 로마 가톨릭의 교회론에는 카리스마에 대한 참다운 식별이 결여돼 있었다. 너무 그러해서 콩가르는 "최근까지, 성령은 잊힌 하느님이라고 적절히 묘사됐다."[288]고 주장했다. 카리스마들을 다루었다 하더라도 보통 개인적 영성의 맥락에서였다. 하지만 콩가르는 카리스마들이 교회의 바로 그 본질을 이루고 있다고 믿었다.[289]

지역 교회 신학에 내재하는 다양성은 그런 다양성이 교회 안의 일치를 파괴할 것이라고 두려워하는 일부 사람들에게는 우려를 야기했다. 하지만 다른 이들은 적법한 다양성의 가치를 인정했다. 요한 23세는 자신의 첫 회칙에서부터 상이한 의견들의 진정한 가치와 토론의 자유를 인정하면서도 신앙의 친교를 계속 보존했다.[290] 그리고 콩가르는 그의 신학 역사 연구에서, 교황 베네딕토 15세(1914~22)를 인용하는데, 베네딕토 15세는 "계시가 아닌 문제들에서는 토론의 자유를 허락해야 한다"[291]고 단언했다.

친교 교회론에 대한 데니스 도일Dennis Doyle의 책은 친교로서의 교회

---

287) 에페 4,5.
288) Yves Congar, OP, *I Believe in the Holy Spirit*, 3 vols., trans, David Smyth(New York: Seabury, 1983; Crossroad, 1997), 3;5.
289) Elizabeth Teresa Groppe, "The Contribution of Yves Congar's Theology of the Holy Spirit", *Theological Studies* 62(2001), 451-78, at 463.
290) Pope John XXIII, *Ad Petri Cathedram*, AAS, t. LI, 1959, 513.

에 대한 깊이 있는 이해를 제공한다. 그 책은 지역 교회와 보편 교회의 관계에 대한 아주 중요한 함의들을 요약하고 있다. 첫째, 이 관계는 일치 안에서도 다양성이 존재할 수 있다는 타당성을 증진한다. 이 일치는 단순히 위에서 아래로 강요해서는 안 되는 일치다. 둘째, 이 관계는 복음의 문화 적응을 허용한다. 우리는 이와 관련, **토착화**inculturation라는 용어를 사용한다. 이 개념은 지역 공동체의 필요들과 질문들 그리고 환경들을 진지하게 여긴다는 점에서 복음화를 위한 귀납적 접근 방식을 인정한다. 끝으로, 지역 교회와 보편 교회의 관계는 교회 내 권위의 행사에 의미심장한 함의들을 지닌다. 제2차 바티칸 공의회 이전의 군주적인 교황 권위 행사로부터 벗어나려는 시도에서 「인류의 빛」은 한 교구의 지도자인 주교의 역할을 강조한다. 그래서 주교는 교황의 대리자가 아니라 그 지역 교회에서 그리스도의 대리자다.[292] 「인류의 빛」은 이 점을 분명히 한다.

> 주교들은 그리스도의 대리자이며 사절로서 자기에게 맡겨진 개별 교회들을 다스린다. 조언과 권고와 모범으로 또한 권위와 거룩한 권력으로 다스리지만… 그리스도의 이름으로 직접 행사하는 이 권력은 고유한 직접적 직권이다. … 목자의 임무

---

291) Yves Congar, OP, *A History of Theology*, trans. and ed. Hunter Guthrie, SJ(Garden City, NY: Doubleday and Company, 1968), 273.
292) Doyle, *Communion*, 75-76.

곧 자기 양들을 날마다 늘 보살펴야 하는 일상 사목이 주교들에게 온전히 맡겨져 있다. 그리고 주교들은 자기 고유의 권력을 행사하므로, 교황의 대리자로만 여겨지지 않으며, 참으로 자기가 다스리는 백성의 수장이라 일컬어진다. 그러므로 최고의 보편 권력이 주교들의 권력을 소멸시키지 않으며, 오히려 그 정반대로 이를 주장하고 강화하고 옹호하여 준다.[293]

친교 교회론의 한 가지 구성 요소를 더 언급해야 한다. 곧 수용(reception, 받아들임)이라는 관념이다. 이 주제는 앞 장에서 다루었다. 하지만 그것이 친교 신학의 중심 개념이기에, 여기서 간단히 다시 취급한다. 수용은 "전체 교회가 공식적 가르침들과 결정들을 수락하고 동화하며 해석하는 과정"을 가리키는 신학 용어다.[294] 공식 가르침에 대한 신자들의 수용은 단지 복종의 문제가 아니다. 올바로 이해하면, 그것은 신자들 편에서의 동의 정도 및 판단 가능성과 관련된다. 이 개념은 제2차 바티칸 공의회 이전의 교회론에서는 중요한 역할을 하지 못했다. 대부분의 경우, 가르침들은 수락됐는데, 그 가르침들이 지닌 본질적 가치 때문이 아니라 가르치는 이들의 권위 때문이었다. 사법 체계에서 우위에 있을 때, 수용의 원리는 큰 유의미성을 지니지 않는다. 단지 공식적

---

293) 「인류의 빛」 27항.
294) Gerald O'Collins, SJ, and Edward G. Farrugia, SJ, *A Concise Dictionary of Theology*, rev. and exp.(Mahwah, NJ: Paulist Press, 2000), 221.

가르침은 복종이라는 표현으로 망설임 없이 수락될 것이라고 추정될 뿐이다.[295] 이런 이해는 제2차 바티칸 공의회에서 중요한 변화를 겪었다. 콩가르가 주장했듯이, 신자들 편에서 "받아들임은 동의 정도를 포함한다."[296] 공동체 내 성령의 현존을 존중하는 친교 교회론에서, 구성원들은 지속적인 진리 탐구에 책임을 지닌다. 실제로, 제2차 바티칸 공의회의 선도적 인물들 가운데 한 사람인 수에넨스 추기경의 생각에는 "공동 책임이 공의회의 중심 주제였다."[297] 수에넨스의 이 주장은 「인류의 빛」에서 지지를 받는다.

> 위대한 예언자이신 그리스도께서는 생활의 증거와 말씀의 힘으로 하느님 아버지의 나라를 선포하셨으며 영광이 완전히 드러날 때까지 당신의 예언자직을 수행하신다. 그리스도께서는 당신의 이름과 권력으로 가르치는 교계만이 아니라 평신도들을 통해서도 예언자직을 수행하시는 것이다. 바로 그 목적을 위하여 평신도들을 증인으로 세우시고 신앙 감각과 말씀의 은총을 주시어….

---

295) Pottmeyer, "Dialogue", 42.
296) Yves Congar, OP, "Reception as an Ecclesiological Reality", in Concilium, English ed., no. 77, trans. John Griffiths(New York: Herder & Herder, 1972), 43-68, at 45.
297) Leon Joseph Cardinal Suenens, *Coresponsibility in the Church*, trans. Francis Martin(New York: Herder & Herder, 1968), 29.

그리고 다시 2항 뒤에

> 평신도들은 모든 그리스도인처럼 교회의 영적 보화에서 특히 하느님의 말씀과 성사들의 도움을 거룩한 목자들에게 풍부히 받을 권리가 있으며… 평신도들은… 교회의 선익에 관련되는 일에 대하여 자기 견해를 밝힐 권한이 있을 뿐 아니라 때로는 그럴 의무까지도 지닌다. … 평신도들과 목자들 사이의 이러한 친숙한 교류에서 교회의 수많은 선익을 기대할 수 있다. 이렇게 하여 평신도들의 책임감이 튼튼해지고 열성이 자라나며… 그리고 목자들은 평신도들의 경험에서 도움을 받아 영신적인 일에서나 현세적인 일에서 더욱 명백하고 더욱 적절한 판단을 내릴 수 있으며 그렇게 하여 온 교회가 모든 지체의 힘을 합쳐 세상의 생명을 위한 자기 사명을 더욱 효과적으로 성취할 수 있다.[298]

신학자 그레고리 바움Gregory Baum은 한때 "종교가 비창조적이고 반복적이고 과거에 얽매이고 현재에 새롭게 응답할 수 없게 될 뿐이라면, 그 종교는 사람들의 마음에서 사라진다."[299]고 주목했다. 지역 교회의 잠재적 활력에 대한 제2차 바티칸 공의회의 가르침은 종교와 신앙이 함께

---

298) 「인류의 빛」 35, 37항.

신자들의 마음에 계속 살아 있게 하려는 공의회의 시도 가운데 한 가지 보기다.

이제 제2차 바티칸 공의회의 교회 이해의 마지막 한 차원을 살펴본다. 역사를 통해 그 최종 목적인 하느님께로 향해 가는 여정에 있는 순례하는 하느님 백성이 그것이다.

교회는 진행 중인 실재다

제1차 바티칸 공의회와 제2차 바티칸 공의회 사이의 기간은 교회론 분야에서 의미심장한 성장과 발전의 시간이었다. 많은 변화가 일어났다. 그리고 앞에서 보았듯이, 이 "변화" 관념은 고전주의적 세계관을 지지하는 이들에게는 대단히 혼란스러운 것으로 보였다. 그들에게는 변화란 실수를 의미했다. 물론, 여러분의 교회가 지상의 하느님 나라인 그리스도의 유일한 참된 교회와 동일시될 수 있고, 신앙에 딸린 모든 문제에 관해 절대적 확실성을 지닌다고 생각한다면, 그때에는 변화를 실수라고 보는 태도를 상당히 이해할 만하다. 당연하지만, 이것이 "신 신학자들"이 취한 관점은 아니었다. 그들은 신앙의 어떤 요소들은 신앙의 바로 그 핵심에 속하며 언제나 지속하리라는 것을 알았다. 그들은 또한 교회가

---

299) Gregory Baum, "Foreword", in *The New Agenda* by Andrew Greeley(Garden City, NY: Doubleday and Company,1973), 11-34, at 14.

역사를 거쳐 감에 따라 변할 수 있는 - 실제로 반드시 변해야 하는 - 다른 요소들이 있다는 것도 알았다. 존 헨리 뉴먼이 1845년에 그의 유명한 「그리스도교 교리 발전에 관한 에세이」를 썼을 때에, 그의 목표는 "교리가 **어떻게** 발전하는지가 아니라 교리가 발전한다는 사실을 설명하는 것"[300]이었다. 실제로 이 에세이에서 발견되는 사상은 결국 뉴먼을 가톨릭으로 개종하도록 이끌었다. 그는 그리스도교 역사를 검토하면서 모든 것이, 교회마저도, 시간을 거치면서 발전하고 변한다는 것을 밝혀냈다. 뉴먼은 교회가 무한히 성장할 수 있다는 것을 확신하기에 이르렀다.[301] 뉴먼의 입장은 「인류의 빛」에서 본향을 발견한다. 이 문헌의 바로 첫 항에, 주목할 만한 진술이 나온다. "교회는… 교회의 본질과 보편 사명을 자기 신자들과 온 세상에 **더욱 충분히 드러내기를 바란다**."[302] 공의회 전 수십 년 동안 "변화"에 대한 성향을 고려할 때, 이 진술은 과연 주목할 만하다.

이 "드러냄"의 관념은 많은 "신 신학자들", 특히 튀빙겐 학파와 연관된 이들에게로 거슬러 올라갈 수 있다. 요한 세바스티안 폰 드라이는 "날로 더욱 분명하게 드러나는 것이 그리스도교 교리의 특징이다."[303]라고 주장했다.

---

300) Michael, J. Himes, "What Can We Learn from the Church in the Nineteenth Century", in *The Church in the 21st Century*, ed. Michael J. Himes(Liguori, MO: Liguori Press, 2004), 65-69, at 66.
301) Brian Martin, *John Henry Newman: His Life and Work*(Mahwah, NJ: Paulist Press, 1990), 75.
302) 「인류의 빛」 1항. 우리 말 번역본에서는 "더욱 명백하게 선언하고자 한다."고 번역하고 있으나 지은이의 뜻이 잘 드러나지 않아 "더욱 충분히 드러내기를 바란다."로 시역했다.-옮긴이

폰 드라이가 「인류의 빛」에 나오는 다음의 내용을 썼다고 해도 거의 믿을 수 있을 정도다.

> 주님의 말씀은 밭에 심은 씨앗과 비슷하여, 그 말씀을 믿음으로 듣고 그리스도의 작은 양떼에 들게 된 사람들이 하느님의 나라를 받아들인 것이며 그런 다음에 씨앗은 저절로 싹이 터 수확 때까지 자라난다.[304]

이 "드러냄"은 하느님의 계획에 본질적이다. 우리는 그것을 두려워할 필요가 없다. 카를 라너는 "절대적 미래"인 하느님이 교회 미래의 열쇠라고 믿었다. 라너에 따르면, "종말 때까지… 교회는 역사 안에서 (계속) 존재할 (것이며), 역사의 예측 불가능성과 전진 필요성(을 포함하는) 역사의 조건들에 예속된 채 머무를 (것이다.)"[305]

이 마지막 인용문은 역사와 종말이라는 두 가지 아주 중요한 관념을 담고 있다. 역사와 관련, 공의회 교부들은 역사적 의식 곧 신학적 진리의 모든 표현은 그 진리가 표현되는 역사적 시점에 좌우된다는 세계관을 수용함으로써 시대 요청에 부응하려면 변화가 필요하다는 데 동의하게 됐다고 교회사학자 존 오맬리는 주장한다.[306] 확실히 「인류의 빛」

---

303) Johann Sebastian von Drey, *Brief Introduction to the Study of Theology with Reference to the Scientific Standpoint and the Catholic System*, trans. Michael J. Himes(Notre Dame, IN: University of Notre Dame Press, 1994), 117.
304) 「인류의 빛」 5항.
305) Lennan, *Ecclesiology*, 251.

에서 우리는 역사에 대한 역동적 이해를 발견할 수 있다. 강생으로 말미암아, 교회는 인간 역사에 들어왔고(세뉘 신학에 중심이 되는 입장)… 역사의 영향을 받으며 최종 목적지를 향해 움직인다. 인간 역사 그리고 그 역사와 신앙과의 연관성에 대한 이런 인식은 공의회가 취한 방향에 결정적이었음이 입증됐다.[307] 이는 「인류의 빛」의 다음과 같은 진술에서 볼 수 있다.

> 구원의 주인이시며 일치와 평화의 원리이신 예수님을 믿고 바라보는 이들의 무리를 하느님께서 불러 모으시어 교회를 세우시고 모든 사람과 개인의 구원을 이룩하는 이 일치의 볼 수 있는 성사가 되게 하셨다. 이 교회는 모든 지역에 전파되도록 **인간의 역사 속으로 들어가지만** 동시에 시대와 민족의 경계를 초월한다.[308]

여기서 이브 콩가르의 영향을 쉽게 식별할 수 있다. 1934년에 그는 이렇게 썼다.

> 인류가 성장할 때마다, 조금씩 진보할 때마다… 그에 상응하

---

306) O'Malley, "Developments", 392.
307) Giuseppe, Alberigo, "Major Results, Shadows of Uncertainty", in *History of Vatican II*, Vol. IV, eds. Giuseppe Alberigo and Joseph Komonchak(Maryknoll, NY: Orbis Books, 2002), 617-48, at 624-25.
308) 「인류의 빛」 9항.

는 성장이 교회 안에도 있다. … 은총의 강생, 하느님의 인간화! 그것이 교회다. … 교회는 세상의 진화하는 실재들 가운데서 영향을 받지 않은 채 남아 있는 별개의 실체가 아니다. … 교회는 세상 안에 거처하시며 우리의 신앙으로 세상을 구원하시는 그리스도이시다.[309]

앞에서 언급한 라너의 글에 담긴 나머지 한 가지 중요한 관념은 종말과 관련된다. 종말론은 "시간의 끝"과 관련되는 문제들을 취급하는 신학 분야다. 종말론은 구약성서의 하느님 나라(예컨대 메시아 시대의 희망들) 준비에서 이해되는, 또 예수와 초기 교회의 가르침에서 이해되는 그 하느님 나라에 대해 검토한다. 종말론은 우리의 현재 실존이 미래의 방향을 결정짓는다는 사실을 지적한다.[310] 그러한 만큼, 종말론은 진행 중인 세계에 대해 열려 있다. 제2차 바티칸 공의회는 엄격한 정론 개념에서 벗어났는데, 이는 엄격한 정론 개념이 생명을 주는 원천들 - 성서와 성전 - 로부터 유리됐기 때문이었다. 따라서 신학적 진리들에 대한 우리의 이해는 교회를 종말론적 실재로 인정하는 제2차 바티칸 공의회의 영향을 받을 필요가 있다. 종말론적 실재인 교회는 과정에 있는 실재이며 성취될 약속이지만 그 자체가 목표가 아니다.[311]

교회의 이 종말론적 차원은 교회의 자기 이해에 깊은 함의들을 전한

---

309) Yves Congar, OP, *La Vie Intellectuelle* 29 (1934), 247.
310) O'Collins and Farrugia, *Dictionary*, 79.

다. 한 가지를 들자면, 교회가 더는 자신을 하느님 나라와 동일시하지 않을 수 있다는 것이다. 교회를 하느님 나라와 동일시하는 것은 제2차 바티칸 공의회 이전의 종말론에서 지배적인 생각이었다. 그보다 교회는 하느님께서 우리에게 약속하신 미래의 그 나라를 가리키는 하나의 표징이다. 또한 교회는 그 자체가 목표로 여겨져도 안 된다. 대신에, 교회는 그리스도의 영의 도구로서 봉사한다. "교회의 과제는 그런 도구여야 한다. 비록 늘 인간적이고, 또 그래서 죄를 지고 있기는 하지만 하느님 말씀과 하느님 영의 도구다." 그리고 교회는 "죄를 지고" 있기에, 교회 자체나 혹은 교회의 그 어떤 제도적 요소라도 신격화하는 것이 결코 허용되지 않는다.[312] 이러한 함의들이 「인류의 빛」에 분명하게 제시돼 있다.

> 교회는… 비로소 천상 영광 안에서 완성될 것이다. … 그때에는… 온 세상도 인류와 함께 그리스도 안에서 완전히 새롭게 될 것이다. … 이미 세기들의 종말이 우리에게 다가왔으며 세상의 쇄신도 되돌이킬 수 없이 결정되어 이 현세에서 어느 모로 미리 이루어지고 있다. 교회가 이미 지상에서 참된 성덕으로 불완전하게나마 드러나고 있기 때문이다. 그러나 정의가 깃드는 새 하늘과 새 땅이 이루어질 때까지 순례하는 교회는

---

311) Walter Kasper, *The Methods of Dogmatic Theology*, trans. John Drury (New York: Paulist Press, 1969), 24.
312) Garijo-Guembe, *Communion*, 5-6.

자신의 성사들 안에서 그리고 이 시대에 딸린 제도 안에서 지나갈 이 현세의 모습을 지니고, 아직까지 신음하고 진통을 겪고 있으며 하느님의 자녀들이 나타나기를 기다리는 피조물들 사이에서 살고 있다.[313]

「인류의 빛」에서 인용한 이 대목은 교회의 자기 이해에 있어서 아주 의미심장한 두 가지 다른 발전을 드러낸다. (1) 교회는 종말론적 실재이기에, 신자들은 하느님의 "순례하는 백성"으로 지칭된다. 그들은 그 나라, 곧 진리의 충만함이신 하느님께로 가는 도중에 있다. (2) 신자들이 누리는 거룩함은 불완전한 거룩함이다. 그리고 앞에서 논의한 「인류의 빛」의 교회론적 차원들과 마찬가지로, 이 두 요소는 또한 깊은 신학적 함의를 전달한다.

역사의 여정에서 순례하는 하느님 백성으로서의 교회관은 여러 해 동안 교회의 구조적 변화를 촉구해온 저 신학자들을 확실히 지지한다. 이 개념은 뭔가 지속적 개혁과 쇄신을 요구하는 것이라고 여길 수 있다. 이브 콩가르는 참다운 개혁은 교회 삶의 구조를 새로운 상황에 맞추고 삶의 어떤 단계도 결정적인 것으로 여기지 않도록 하는 개방성에 의해 확인될 수 있다면서 순례 여정에서 교회 기구가 하느님 은총을 결코 가리지 않도록 해야 한다고 주장했다.[314] 콩가르는 역사 연구와 역사적 사유

---

313) 「인류의 빛」 48항.

의 적법성을 받아들인 이들이 공의회에서 일어날 일에 준비가 더 잘 돼 있었다는 것을 알았다. 그는 또한 혼란스러워 할 이들도 있으리라는 것을 알았다. 그들은 "획일적이고 군주적이며, 전적으로 신격화한 교회관을"[315] 지녔기 때문이다. 콩가르는 이런 교회 인식을 오류라고 여겼다. 콩가르는 복음이 제시하는 이상理想을 인간적인 교회가 결코 온전히 성취할 수 없음을 인정했다. 따라서 교회를 그 이상에 늘 더 가까이 데려가려는 노력에서 교회의 역사적 형태들을 계속 비판적으로 살펴볼 필요가 있다.[316] 그리고 카를 라너의 생각에, 서방 교회의 관습과 규율을 전체 교회의 규범으로 여길 수 있다고 주장하는 것은 이단이었다.[317] 이와 같은 노선에서, 이미 존 헨리 뉴먼은 교회가 종교를 "시스템"으로 만들어 지상의 교회를 하느님을 대신하는 우리 신심의 대상이 되게 하는 위험을 무릅쓰고 있다고 우려한 바 있었다.[318]

종말을 향해 가는 순례하는 백성에서 오는 한 가지 귀결은 우리의 거룩함이 불완전하다는 것이다. 「인류의 빛」은 교회와 '강생하신 말씀'을 비교하는 가운데 이 점을 분명히 한다. 이 문헌은 교회와 강생하신 말씀 둘 모두에게 인간적인 것과 신적인 것이 있다고 지적한다. 하지만 앞에

---

314) Jean-Pierre Jossua, OP, *Yves Congar: Theology in the Service of God's People*(Chicago: Priory Press, 1968), 114.
315) Yves Congar, OP, "Theology's Task after Vatican II", in *Theology of Renewal*, Vol. I, ed. L. K. Schook, CSB(Montreal: Palm Publishers, 1968), 47-65, at 56.
316) MacDonald, *Ecclesiology,* 303.
317) Lennan, *Ecclesiology,* 74.
318) John Coulson, "Newman on the Church · His Final View, Its Origins and Influence", in *The Rediscovery of Newman: An Oxford Symposium,* eds. John Coulson and A. M. Allchin(London: SPCK, 1967), 123-43, at 133.

서 논의한 「인류의 빛」의 한 대목에서 본 것처럼, 이 문헌은 둘 사이에 아주 중요한 구분을 한다. 그 대목은 그리스도를 거룩하고 무죄하고 흠 없다고 언급한다. 하지만 계속해서 이렇게 덧붙인다. "자기 품에 죄인들을 안고 있어 거룩하면서도 언제나 정화되어야 하는 교회는 끊임없이 참회와 쇄신을 추구한다."[319] 아마도 카를 라너는 우리의 "불완전한 거룩함"의 의미를 가장 잘 파악하는 듯하다. 교회가 구원의 성사라는 그의 믿음이 그에게 교회를 이상적으로 보는 시각을 갖도록 하지는 않았다고 앞에서 언급했다. 라너는 교회 안에 있는 약함을 아주 많이 의식하고 있었다.

> 우리는 언제나 하느님의 영광에 대한 불완전한 교향곡을 연주하고 있다. 그리고 그것은 언제나 총연습일 따름이다. 하지만 그 모든 고난이, 늘 불완전한 개혁이 부질없는 것이 아니며 의미 없는 것이 아니다. 눈물로 씨를 뿌리는 것은 종의 역할일 따름이다. 그리하여 하느님께서… 수확하실 것이다.[320]

불완전한 거룩함 그리고 지속적 정화와 개혁의 필요성에 관한 이 모든 이야기는 "세상의 박해… 속에서 나그네 길을 걷는"[321] 교회에 대한 좀 비관적인 느낌을 갖게 할지도 모른다. 하지만 우리의 신학자들은 그런

---

319) 「인류의 빛」 8항.

생각에 대한 처방을 가지고 있다. 성령의 선물이 그것이다.

1825년에 요한 아담 묄러는 이렇게 썼다. "교회는 성령께서 부여하시는 사랑의 거룩하고 살아 있는 힘의 외적이며 가시적인 형태다."[322] 카를 라너는 "신앙의 원 보화를 발전시키고 드러내는" 책임이 성령께 있다고 주장했다.[323] 그리고 세뉘에 따르면, "성령의 중개를 통해, 종말론적 끝 시간이 현재 차원으로 활동한다."[324] 성령의 이 중요한 역할을 공의회 교부들도 놓치지 않았다. 「인류의 빛」은 당신 성령을 보내주시겠다는 부활하신 그리스도의 약속과 이에 관한 우리 신학자들의 통찰도 진지하게 받아들인다.

> 성부께서 성자께 지상에서 이루시도록 맡기신 일이 성취된 다음, 오순절에 성령께서 교회를 끊임없이 거룩하게 하시도록 파견되셨다. … 성령께서는 교회 안에 그리고… 신자들의 마음에 머무르시고… 교회를… 끊임없이 새롭게 하시며… 그리

---

320) Karl Rahner, "Was wurde erreicht?" in *Sind die Erwartungen erfüllt?* eds. Karl Rahner, Oscar Cullman, and Heinrich Fries(Munich, 1966), 31. Lennan, Ecclesiology, 152 n61에서 재인용.
321) 「인류의 빛」 8항.
322) Johann Adam Möhler, *Unity in the Church or the Principle of Catholicism Presented in the Spirit of the Church Fathers of the First Three Centuries,* ed. and trans. Peter C. Erb(Washington, DC: Catholic University of America Press, 1996), 9.
323) Karl Rahner, SJ, "The Development of Dogma", in *Theological Investigations,* Vol. I, trans. Cornelius Ernst, OP(Baltimore, MD: Helicon Press, 1963), 39-77, at 52.
324) Christophe Potworowski, *Contemplation and Incarnation: The Theology of Marie-Dominique Chenu*(Montreal, Quebec, Canada: McGill-Queen's University Press, 2001), 195.

스도와 일치를 이루도록 이끌어 주신다.

이 문헌에서는 다시 이렇게 더 나아간다.

> 시련과 고난을 거쳐 나아가는 교회는 주님께서 자신에게 약속하여 주신 하느님 은총의 힘으로 위로를 받고… 성령의 활동 아래에서 끊임없이 자기 자신을 쇄신하여 마침내 십자가를 통하여 결코 꺼질 줄 모르는 빛에 이를 것이다.[325]

성령에게 중심 역할이 주어질 때, "교회는 결코 **고착된 실재**fait accompli가 아니다. … 교회는 삼위일체이신 하느님께 향하는 순례 길에 있는… 친교로 이뤄진 언제나 하나의 종말론적 실재, 존재해 가는 백성이다."[326]

미주 가톨릭 신학회 Catholic Theological Society of America 2004년 모임에서, 조지프 코몬착은 성령께 대한 이브 콩가르의 믿음과 관련해 다음과 같은 아주 적절한 성찰을 했다. "콩가르는 성령을 대수층帶水層, 곧 신선한 지하수가 있는 지층에 비유했다. … 거기에서부터 샘이 솟아올라 땅에 다시 물을 대어 새로운 장소들에서 그 땅을 비옥하게 만든다."[327] 바로 이런 믿음이 그들의 궁극적 운명인 하느님과의 합일을 향한 여정에 있는 순례하는 하느님 백성에게 희망과 확신을 준다.

---

325) 「인류의 빛」 4, 9항.
326) Lawler and Shanahan, *Church*, 5.

결론

"한 사상 체계를 포기할 때마다, 인간은 하느님을 잃었다고 상상한다."[328] 교회의 자기 이해가 제1차 바티칸 공의회와 제2차 바티칸 공의회 사이에 어떻게 변했는지를 살펴본 이 장에 관한 결론적 생각들을 종합하면서 앙리 드 뤼박의 이 글을 인용하는 것이 적절할 것 같다. 제2차 바티칸 공의회에서, 공의회 교부들은 신스콜라학이라는 사상 체계를 포기했다. 신앙에 관해 이야기하기 위한 새로운 언어를 여러 해 동안 요구해 온 신학자들의 통찰에 이끌려 공의회 교부들은 신약성서에서 생명을 주는 한 언어를 재발견했다. 교회 개념들과 표상들 - 신비, 순례하는 하느님 백성, 지역 교회의 중요성, 그리고 깊은 신학적 함의들을 지닌 종말이라는 실재 - 을 초기 교회로부터 복원해내는 가운데, 그들은 교회의 자기이해 방식에 큰 변화를 불러일으켰다. 교회는 더는 피라미드로, 또 그 피라미드에서의 위치가 거룩함을 결정하는 교계적 모델로 여겨지지 않게 됐다. 제2차 바티칸 공의회는 교회가 되는 또 다른 길을 제공했다. 그것은 친교 모델이다. 이 모델에서는 한 인간의 거룩함이 하느님께서 주시는 은총에 대한 그 사람의 응답에 의해 결정된다. 우리는 **사법적 시각**을 버렸고 **신학적 시각**을 선택했다. 「인류의 빛」은 이 새로운 시각을

---

327) Joseph Komonchak, *CTSA Proceedings* 59 (June 10-13, 2004), 166.
328) Henri de Lubac, SJ, *The Discovery of God,* trans, Alexander Dru (Grand Rapids, MI: William B. Eerdmans Publishing Company, 1996), 177.

위한 목소리였다.

  교회에 관한 이 교의 헌장은 1964년 11월 21일 압도적으로 승인을 받았다. 투표 결과는 찬성 2151 대 반대 5로, 「인류의 빛」을 "로마 가톨릭 전통 안에서 교회에 관한 향후 모든 성찰을 위한 대헌장"[329]으로 만들었다. 공의회 이전의 교회론은 신약성서에 있는 그 뿌리와 접촉하지 못했다. 공의회 이전의 교회론은 대단히 권위주의적이었고, 율법주의적이었으며 성직자 중심주의적이었다. 그 교회론은 "계엄 상태"의 정서를 지녔으며 교회와 역사를 공유하는 세상에 대해 두려워하고 의심스러워 했다. 하지만 충분한 수의 공의회 교부들은 변화를 일으키고자 했다.

> 이 폐쇄되고 게토 같고 권위주의적인 스타일에서의 변화… (현대 세계에서) 타당하고 도움이 되는 것에 교회를 개방하기를 (그들은) 원했다. 그중 많은 부분은 교회의 가장 깊은 전통들을 회복하는 것이었다. … (그들은) 교회를 민주주의로 바꾸기를 원한 것이 아니라… 어떻게 권위가… 교회 구성원들 특히 평신도를 "신하"에서 참여자로 바꾼 양심을 존중하여 기능을 해야 하는지를 다시 규정하고 싶어 했다. … (그들은) 교회도 다른 훌륭한 스승들처럼 가르치면서 배울 필요가 있다고 주장했다.[330]

---

[329] Lawler and Shanahan, *Church*, 2.

교계적 교회에서 친교 교회론으로의 이 주목할 만한 전환을 거치면서 살았던 이들만이 이 변화가 교회에 세시했을 과제들을 기억할 수 있고 어쩌면 평가할 수 있다. 이는 드 뤼박이 주목한 바와 같다. "한 사상 체계를 포기할 때마다, 인간은 자신이 하느님을 잃었다고 상상한다." 분명, 자신이 하느님을 잃었다고 생각한 이들도 있었다. 「인류의 빛」 홀로 제안한 그 변화들은 대다수 신자들이 이해하기가 어려웠을 것이다. 어쨌든, 그들의 교회는 거의 400년 동안 변화하지 않았다. 그 구성원들이 교회 삶에서의 이 엄청난 사건을 준비하기 위해 신학 교육을 충분히 받은 것도 아니었다. 변할 수 없는 것은 변할 수 없다. … 하지만 변했다. 그리고 「인류의 빛」은 이 사실의 사신이었다. 그래도 … 우리는 하느님을 잃지 않았다.

제2차 바티칸 공의회를 위한 길을 준비한 다양한 신학자들에 대한 우리의 논의에서, 한 가지가 아주 분명해진다. 곧 그들은 성령께서 살아계시며 교회 안에서 잘 활동하고 계신다는 것을 확신했다는 것이다 그들은 요한복음의 말씀을 진지하게 받아들였다. "진리의 영께서 오시면 너희를 모든 진리 안으로 이끌어 주실 것이다. … 또 앞으로 올 일들을 너희에게 알려 주실 것이다."[331] 그들의 확신은 무결성(無缺性, indefectibility)이라는 깊은 신학적 개념에 토대를 두고 있었다. 이 원칙은 마태오복음에서 제자들에게 내려진 지시에 뿌리를 두고 있다. "그러므

---

330) John W. O'Malley, SJ, "Interpreting Vatican II: Version Two", *Commonweal* 128: 5(March 9, 2001), 17.

로 너희는 가서 모든 민족들을 제자로 삼아, 아버지와 아들과 성령의 이름으로 세례를 주고, 내가 너희에게 명령한 모든 것을 가르쳐 지키게 하여라. 보라, 내가 세상 끝 날까지 언제나 너희와 함께 있겠다."[332] 이 인용문은 죄가 하느님의 진리, 역사를 통해 늘 더 충만하게 드러나는 진리를 완전히 거스를 정도로 교회를 지배하지는 결코 못하리라는, 부활하신 그리스도의 보증이다. 어떠한 인간적 약함도, 어떠한 실패도, 어떠한 인간적 사상 체계도 하느님의 은총을 완전하게 가릴 수는 없다. 본질적으로, 인간적 요소와 신적 요소를 다 포함한다는 점에서 교회는 신비다. 인간적 요소로 인해, 교회는 완전하지 않으며, 늘 그러할 것이다. 당신 교회에 충실하겠다는 부활하신 그리스도의 약속은 우리의 죄 많음에도 불구하고, 인간의 언어와 사상 체계로 계시를 명료화하려는 불완전한 시도들에도 불구하고, 비록 부분적 오류와 인간적 실패가 언제나 있을 수 있다 하더라도, 오류가 마지막 말이 아님을 우리에게 보증해 준다. 제2차 바티칸 공의회는 「기쁨과 희망」에서 이 무결성 원칙을 뒷받침했다.

> 교회가 성령의 힘으로 자기 주님의 충실한 정배로 머물렀고 또 세상에서 구원의 표지가 되기를 결코 그친 적이 없다 하더라도, 오랜 세월이 흐르는 동안 교회는 성직자이든 평신도이

---

331) 요한 16,13.
332) 마태 28,19-20.

든 그 구성원들 가운데에 하느님의 성령께 불충하게 살았던 자들이 없지 않았음을 잘 알고 있다. … 교회가 선포하는 메시지와 그리고 복음이 맡겨진 자들의 인간적인 나약함이 서로 얼마나 떨어져 있는지 교회는 모르지 않는다. … 성령의 인도를 받아 어머니인 교회는 끊임없이 자기 자녀들에게 그리스도의 표지가… 더욱 찬란히 빛나도록 정화와 쇄신을 권고한다.[333]

"성령의 인도를 받아…."가 여기서는 관건이 되는 개념이다. 사상 체계들, 신앙의 신학적 명료화들, 그리고 세계관들은 다만 새로운 매 세대 안에 하느님이 다시 태어나시도록 하는 수단일 뿐이다. 하지만 이 수단들은 역사적 실재들이다. 그것들은 변할 수 있고 성장할 수 있고 발전할 수 있다. 하지만 한 가지 변하지 않는 것이 있다. 성령의 선물이다. 바로 이것이 우리의 신학자들이 이해하게 된 것이고, 이것이 그들의 개인적 신학 여정의 어두운 시기에 그들을 지탱하게 해준 것이다. 이브 콩가르는 교회 회의를 소집한다는 요한 23세의 결정을 알았을 때 이렇게 언급했다. "이것은 오직 신앙 안에서만 의미가 있을 수 있다. 그 결정이… 성찰 없이 이루어진 것이라면, 그때는 재앙이다! 아니면 그것은 성령의 역사하심이다. 그 경우라면 온갖 것이 가능하다."[334] 콩가르를 비롯해 이 책에서 우리가 만난 여타 신학자들에게, 성령은 과연 교회 삶의 내적 원

---

333) 「기쁨과 희망」 43항.
334) Jossua, *Yves Congar*, 161.

리였다. 그 원리로 그리스도의 강생이 계속되는 것이다.[335]

그래서… 우리는 하느님을 잃지 않았다. 우리의 기원이시고, 우리의 자양분이시며 우리의 운명이신 그 하느님은 순례하는 하느님 백성이 되기 위해 투쟁하는 우리와 아주 많이 함께 하신다. 블래즈 파스칼Blaise Pascal의 말이 떠오른다. "교회가 다름 아닌 하느님에 의해 지탱될 그때가 교회에 행복한 시간이다."[336] 하느님의 영은 과연 우리의 여정에서 우리와 함께 계신다. 제1차 바티칸 공의회와 제2차 바티칸 공의회 사이의 "덜컹거리는 길"을 되돌아볼 때, 성령의 현존을 부인할 수가 없다. 우리는 대화의 다른 한 쪽을 단죄하려는 성향에서, 세상과 고립된 게토와 같은 실존으로부터, 그 세상의 가치를 인정하고 그 세상과 관계를 맺는 데로 옮겨왔다. 외부 세계로부터 오는 잠재적인 위험들을 방어하는 요새 같은 정신에서, 교회는 친교이며 늘 하느님의 은총에 의존한다는 것을 인정하는 쪽으로 옮겨 왔다. "일깨우는 자로, 불변하는 가치들의 파수꾼으로… 등경 위에 놓인 등불로, 우리 모두가 마실 수 있는 생수의 샘으로 보이고"[337] 싶은 것이 교회다. 그리고 그 여정은 수에넨스 추기경의 말이 지혜로움을 입증해 주었다. "그리스도교의 역사는 우리에게 겸손의 학교다. 똑같은 이 역사는 또한 희망의 학교다."[338]

---

335) O'Meara, "Beyond 'Hierarchology'", 177.
336) Blaise Pascal's Pensees, 14. Leon-Joseph Cardinal Suenens, *A New Pentecost?*, trans. Francis Martin(New York: Crossroad/Seabury Press, 1975), xi에서 재인용.
337) Martina, "Historical Context", 56.
338) Suenens, *A New Pentecost?* 16.

에필로그

> 위대한 사상가들의 현존은 계획해서 될 수 없는 일이다.
> 그 일은 우연히 이뤄진다. 그것이 우리를 놀라게 한다.
> 하느님의 특별한 선물로 체험되기 때문이다. [339]

그 "예언자들"

신학자 그레고리 바움의 이 말은 제1차 바티칸 공의회로부터 제2차 바티칸 공의회에 이르는 여정, 우리 가운데 그 예언자들이 있었다는 사실로 더욱 더 기억할 만한 여정을 마치면서 몇 가지 생각을 제시하기 시작하는 데 적절하다. 과연, 그들은 하느님께서 교회에 주신 특별한 선물이다. 이 찬사는 바움이 자신의 제2차 바티칸 공의회 체험을 이야기한 한 인터뷰에서 바친 것이다. 신학자 레디슬레이스 오르시Ladislas Orsy, SJ도 비슷한 회상을 한다. 그는 제2차 바티칸 공의회로 이어지는 그 시기에 공식 교회에 의해 징계를 받은 "신 신학자들이" 어떻게 끝내는 정당성을 입증 받았는지를 말한다. 이 신학자들은 한때 공의회를 위해 로마에서 초청을 받아 주교들에게 세미나를 하거나 심지어는 공의회 문헌들의 초안 작성을 도와주기도 했다. 오르시가 말하듯이, "한때 유배당했

---

339) Gregpry Baum, "Interview", in *Voices form the Council*, eds. Michael Prendergast and M. D. Ridge(Portland, OR: Pastoral Press, 2004), 129-143, at 132.

던 전문가들이 목자들에게 새로운 포도주를 제공하고 있었다. 그리고 목자들은 그것을 좋아했다."340)

이런 신학자들을 떠올리게 하는 다음과 같은 글을 나는 최근에 우연히 발견했다.

하지만 속량된 그 누구도 미처 알지 못했다네.
건너간 그 바다가 얼마나 깊은지를.341)

나는 우여곡절 끝에 이 인용문의 출처를 알아낼 수 있었는데, 방황하는 한 마리 양을 찾아 아흔아홉 마리를 떠나는 착한 목자에 관한 시였다. 하지만 이 두 줄은 그 자체로 신학을 바꾸려고 또 제2차 바티칸 공의회의 토대를 준비하려고 여러 해 동안 수고한 저 신학자들에게 적용될 수 있다. 제2차 바티칸 공의회 문헌들에 끼친 그들의 영향력은 결코 부인할 수 없다. 하지만 우리가 보았듯이, 그 신학자들이 공의회에서 최종적으로 정당성을 입증 받기까지 대가가 따랐다. 그들 가운데 어떤 이들은 자신이 교회에 끼친 깊은 영향을 증언할 정도로 오래 살았다. 다른 이들은 그렇지 못했다. 혹시 이들 신학자들에 의해 삶이 변화된 우리 가운데 그 어느 누구가 "건너간 그 바다가 얼마나 깊은지를" 상상이나 할

---

340) Ladislas Orsy, SJ, "A Lesson in Ecclesiology", in *Vatican II: Forty Personal Stories,* eds. William Madges and Michael J. Daley(Mystic, CT: Twenty-Third Publications, 2003), 78-81, at 79.
341) Philip Paul Bliss, "The Ninety and Nine", *Song and Quartet*(1874).

수 있을까 하고 나는 궁금해 한다. 1963년 12월에 스트라스부르에서는 이브 콩가르를 기리는 한 모임이 있었다. 손님들 가운데 한 사람인 오스카 쿨만Oscar Cullmann 교수는 아래와 같이 콩가르에게 찬사를 바쳤다. 하지만 진실로, 이 찬사는 이 여정에서 우리가 만난 모든 신학자들에게도 바칠 수 있었을 것이다.

> 구원 역사의 맥락에서 인간의 역할에 관해 이야기할 때에, 인간적 요소들을 과장할 위험은 전혀 없다. 왜냐하면, 이 역사에서는 오직 그리스도의 도구들만 있는 것으로 이해되기 때문이다. 그리고 우리는 당신에게 진 그 빚을 당신을 이용하신 '그분'에게 지고 있다는 것을 안다.[342]

제2차 바티칸 공의회 문헌들

공의회 이후 가톨릭의 정체성에 관한 한 책에서, 프란츠 요제프 판 베이크Frans Jozef van Beeck는 중요한 관찰을 한다. 그는 공의회가 가톨릭 신앙의 기본 주제들을 참으로 의미심장하게 재배열했다고 주장한다.[343] 이 책에서는, 공의회에서 재배열한 그 "주제들"을 다 연구하지는 않았

---

342) Jean-Pierre Jossua, OP, *Yves Congar: Theology in the Service of God's People*(Chicago: Priory Press, 1968), 46.
343) Frans Jozef van Beeck, SJ, *Catholic Identity after Vatican II*(Chicago: Loyola University Press, 1985), 4.

다. 또 공의회의 모든 문헌을 검토하지도 않았다. 하지만, 논의하고자 선택한 그 주제들은, 판 베이크의 주장을 입증했다.

여기서 몇 가지 예를 주목한다. 한 가지는, 역사의 역할을 새롭게 평가한 것이다. 한때는 시간에 제약받지 않으며 불변한다고 여겨졌던 교회가 이제는 역동적이며 발전하는 것으로 묘사된다. 역사적으로 의식하는 세계관을 받아들임에 있어서, 공의회 교부들은 살아 있는 모든 유기체에 미치는 역사의 충격을 인정했다. 역사 안에서 하느님의 영원한 계획이 시간 속에서 드러난다는 것을 깨달은 것이다.

우리는 또한 교회에 대한 이전의 사법적 시각(교계적 모델)이 신학적 시각(친교 모델)으로 바뀌었다는 것도 알았다. 그리고 이 친교 모델에서, 특히 「인류의 빛」과 「사도직 활동」에서, 교회 안에서 평신도에 대한 새로운 이해를 보았다. 평신도는 이제 자신이 세례 때에 받은 그 충만한 존엄성을 지닌다. 평신도는 더는 "교계의 도우미"가 아니라, 교회 안에서 고유의 독특한 사명을 지닌다. 그리고 공의회의 보편적 성화 소명에서, 우리는 인간의 "은총 상태"가 그 사람의 성소에 딸린 것이 아님을 알게 됐다. 세례 받은 모든 지체들이 거룩하게 되라는 부르심을 받는다.

「기쁨과 희망」에서는, 강생의 법이 다시 한 번 교회 안에서 본향을 찾았다. 강생은 하느님의 현존이 또 그분의 변화시키는 힘이 눈에 보이는 피조물들에서 드러날 수 있음을 드러낸다. 그러므로 만물 - 우리가 그토록 오랜 세월 동안 거리를 두었던 그 세상 - 이 은총의 도구가 될 수 있다. 우리가 카를 라너에게서 배웠듯이, "믿는 이들에게는 세상의 역사가 은총의 역사이다."[344]

제2차 바티칸 공의회 문헌들과 제1차 바티칸 공의회 문헌들을 비교해 보면 또 한 가지 의미심장한 "재배열"이 드러난다. 곧 제2차 바티칸 공의회 주교들은 생명을 주는 언어를 선택했다는 것이다. 그들은 신비, 계약, 순례하는 하느님 백성이라는 풍요로운 개념들을 지닌 이 언어를 성서에서 발견했다. 이를 선택하고 공의회 이전의 신스콜라학 언어를 배격하는 가운데, 공의회 교부들은 교회 안의 또 다른 중요한 발전을 인식하고 있었다. 곧 하느님 백성이 그들의 여정에서 신앙을 "이해하는 것"(마음의 지식)을, 신앙을 "아는 것"(머리의 지식)만큼 똑같이 중요하게 여기기에 이르렀다는 것이다. 그리고 앞 장들에서 제시하고자 했듯이, 이 신앙 이해의 매번 새로운 "재배열"은 생활화한 신앙 체험을 위한 깊은 함의들을 전해주었다.

제2차 바티칸 공의회 문헌에 관해 한 가지 더 주목할 것이 있다. 그 점은 아마도 이브 콩가르가 가장 잘 표현한다.

> 위험은 더 **추구**하려 하지 않는 것이 아니라 제2차 바티칸 공의회의 무진장한 저장고를 단지 이용만 하려는 것이다. … 만일 **아조르나멘토**가 제2차 바티칸 공의회의 문헌들에서 영구히 고착될 수 있다고 여긴다면 그것은 **아조르나멘토**에 대한 배반

---

344) Thomas F. O'Meara, OP, "A History of Grace", in *A World of Grace*, ed. Leo J. O'Donovan(New York: Crossroad, 1981), 76-91, at 77.

이 될 것이다.[345]

이에 관해서는 공의회에 참가한 이들뿐 아니라 공의회에 관해 글을 쓴 이들도 전폭적으로 동의했다.[346] 공의회를 참관한 도널 케르 박사Dr. Donal Kerr는 공의회가 끝난 후에 특히 통찰력 있는 언급을 했다. "비록 그때는 깨닫지 못했지만 우리는 어쩌면 그리스도교 세계가 본 가장 위대하고 가장 광범한 신학 강화에 참석한 것이다."[347] 참으로 통찰력 있는 말이다.

성령

일찍이 이 책 서문에서, 나는 성령의 렌즈를 통해 두 바티칸 공의회 사이의 여정에 관한 이야기를 말하고 싶다고 썼다. 성령을 교회의 지도 원리이자 삶의 원천으로 인정하지 않는 한, 이 여정은 도대체 이해할 수 없다. 새로운 공의회가 교황 요한 23세에 의해 소집되고 있다는 것을 들었

---

345) Jossua, *Yves Congar*, 182.
346) 교황 바오로 6세가 1966년 9월 21일 로마 국제 신학 대회에 보낸 서한을 보라. 또한 Giuseppe Alberigo, "Major Results. Shadows of Uncertainty", in *History of Vatican II*, Vol. IV(Maryknoll, NY: Orbis Books, 2002), 617-40, at 625; Leon Joseph Cardinal Suenens, *Coresponsibility in the Church*, trans. Francis Martin(New York: Herder & Herder, 1968), 29.
347) Alberic Stacpoole, OSB, "Introduction", in *Vatican II Revisited by Those Who Were There*, ed. Alberic Stacpoole, OSB(Minneapolos: Winston Press, 1986), 1-15, at 13.

을 때 콩가르가 언급했듯이, "그것이 성령의 일이라면, 모든 것이 가능하다."[348]

교황 비오 12세가 회칙 「성령의 영감」을 발표한 이래로 늘, 가톨릭 성서학자들은 성서에서 더욱 깊고 더욱 풍요로운 통찰을 하도록 우리 눈을 뜨게 해주었다. 그들은 신학적 진리가 단지 역사적 정확성에 제약 당하지 않는다는 것을 알게 됐다. 성서는 우리 구원에 필요한 진리를 알려준다. 그래서 그리스도의 영이 파견돼 우리에게 모든 것을 가르쳐 주시리라는 대목을 읽을 때,[349] 우리는 그 말이 뭔가를 의미한다는 것을 안다. 우리는 그 말을 지켜야 하는 약속으로 이해하는가 아니면 하나의 영적 감흥으로 이해하는가? 그 말은 당신 교회에 충실할 것이라는 부활하신 그리스도의 약속으로 받아들여야 한다는 것을 의미한다. "진리의 영께서 오시면 너희를 모든 진리 안으로 이끌어 주실 것이다."[350]

미래

제2차 바티칸 공의회가 끝났을 때, 이브 콩가르는 이렇게 썼다. "미래는 새로운 단계로의 진전을 위해 열려 있다. 이 위대한 일을 시작하신

---

348) Jossua, Yves Congar, 161.
349) 요한 14,26; 16,13.
350) 요한 16,13

주님께서는 그 일을 어떻게 완성하실지 아실 것이다."[351] 공의회가 끝난 지 40년이 흘렀다. 그리고 물론, 하느님께서는 그곳에서 시작된 그 위대한 일을 계속 "완성"하신다. 공의회가 끝난 후 아주 많은 발전이 이뤄졌다. 하지만 "그 이야기"는 다른 누군가가 말해야 한다. 나의 과제는 비오 9세의 제1차 바티칸 공의회에서부터 요한 23세의 제2차 바티칸 공의회까지 여정을 살펴보고, 제2차 바티칸 공의회에서 결실을 맺게 된 그 씨앗을 심은 저 주목할 만한 신학자들의 공헌을 찾아내는 것이었다. 이 책의 특수한 초점으로 인해, 우리는 공의회에서 다룬 의미심장한 주제들을 모두 다 다루지는 않았다. 아마도 다른 이야기는 다른 책에서 다뤄야 할 것이다. 지금으로서는, 카를 라너의 말처럼 "공의회는 시작의 서막이었다"[352]는 것이 분명해 보인다.

교황 요한 23세는 제2차 바티칸 공의회가 성령께서 교회에 새로운 생명을 다시 불어넣어 주실 새로운 오순절이기를 희망하면서 기도했다. 요한 23세의 기도가 과연 응답을 받았다고 말하는 것이 공정하다. 성령께 대한 절대적 신뢰야말로 아마 그가 남겨준 가장 큰 유산일 것이다. 성령께 대한 이 믿음은 제2차 바티칸 공의회의 또 다른 위대한 지도자, 레온 요셉 수에넨스 추기경이 공유했다. 한때 왜 자신이 희망의 사람이냐는 질문을 받았을 때, 그는 성령을 믿기 때문이라고 대답했다. 성령께

---

351) Jossua, *Yves Congar*, 182.
352) Karl Rahner, SJ, "The Council: A New Beginning", in *The Church after the Council*(New York: Herder & Herder, 1966), 9-33, at 19.

대한 신뢰를 더 설명하기 위해 작성한 기도문에서, 수에넨스는 이렇게 썼다.

> 나는 성령께서 하시는 놀라운 일들을 믿습니다.
> 요한 23세는 놀라움으로 다가왔습니다. 공의회도 그랬습니다.
> 요한 23세와 공의회는 우리가 기대한 마지막이었습니다.
> 하느님의 사랑과 상상이 소진됐다고 누가 감히 말하겠습니까.
> 희망은 사치가 아니라 의무입니다.[353]

이제 삼천년기에 들어선 현대 교회는 세상에 희망의 증인이 되는 것보다 교황 요한 23세를, 교회에 그토록 잘 봉사한 저 훌륭한 신학자들을, 그리고 제2차 바티칸 공의회의 업적을 더 크게 기릴 수는 없다.

---

353) Leon Joseph Cardinal Suenens, *A New Pentecost?*, trans. Francis Martin(New York: Crossroad/Seabury Press, 1975), xiii.

색인

■ 가 ■

가톨릭 개혁 46

가톨릭 신학사전 82

가톨릭 운동 127

강생 4, 14, 41-42, 46, 56, 65, 78, 86-88, 93-94, 103, 124-125, 167, 169, 180, 195-196, 199, 208, 212

강생(의) 신학 42, 86, 94, 125

계몽주의 73

고전주의적 세계관 27, 66, 78, 101, 156, 192

과르디니 21, 55-59, 85, 91, 93-94, 124, 141, 167-168, 184 ; 로마노 21, 55, 56-57, 85, 90, 93, 124, 141, 167, 184 ; 로마노 과르디니 21, 55-57, 85, 93, 124, 166, 167, 184 ; 「교회와 가톨릭」 124 ; 「주님」 18-19, 59, 81, 93, 116, 131, 133, 194, 202, 206, 216 ; 「세상과 인간」 141

(교회) 일치 11, 14, 27, 36, 40, 48, 62, 70, 73, 106, 121, 149, 158, 166-167, 169, 175-177, 182, 185, 186-188, 195, 202 ; 교회일치 36, 48, 158, 185

교계 5, 14, 52, 112, 114, 120-121, 124, 126-128, 130, 133, 135-138, 146-147, 149, 151, 154-157, 165, 179, 180-181, 183, 185, 190, 203, 205, 212

교계적 (모델) 14, 114, 124, 154, 157, 165, 203, 205, 212 ; 교계적 모델 203, 212

교도권 34, 36, 98-99, 135-136, 151, 183

교리 발전 193

교부(학) 10-11, 20, 29, 36, 40, 44, 68, 75-77, 88, 92, 94, 96-97, 105, 106, 108, 120, 127, 129, 130, 134, 136, 138, 145, 160, 164-165, 169-170, 174-175, 177, 178, 180, 185, 194, 202, 204, 212-213

교황 절대주의 182

교황직 27, 70, 160

교회 4-5, 8, 10, 12-15, 20-21, 26, 29, 30, 34, 36-39, 40-55, 58, 60-62, 64, 68-77, 79-88, 92-98, 100, 102-103, 105-139, 141-144, 146-210, 212-217 ; 친교로서의 교회 131, 181, 187 ; (종말론적) 실재로서의 교회 41 ; 교계 교회 179, 180 ; 제도로서의 교회 40 ; 지역 교회 95, 106, 107, 151, 181, 185-188, 191, 203 ; 신비로서의 교회 151, 166 ; 하느님(의) 백성으로서의 교회 41, 198 ; 구원의 성사인 교회 170 ; 보편 교회 151, 181, 183, 185-186, 188

교회들의 친교 185

교회론적 개선주의 169

구원 9, 14, 29, 64-65, 83, 85, 93, 102, 104, 133, 139, 144, 151, 155, 165, 169-176, 181, 195-196, 200, 206, 211, 215

귀납적 방법(론) 29-31, 41, 51, 55, 57-58, 62, 65-66, 78, 84-86, 94, 97, 140

귀디 ; 추기경 27, 70, 74, 112, 127, 128, 131, 138, 140, 145, 152, 160, 162, 190, 208, 216

그레고리오 7세 156 ; 교황 8-9, 17-18, 26-28, 36, 40, 46, 48, 52, 67, 70-71, 73-74, 80-82, 88, 98, 100, 104, 108, 111-112, 123, 126-127, 138, 144-145, 152-158, 160-162, 164, 171-172, 175, 181-189, 214-217

그리스도론 46, 55-57, 64, 78, 94, 161, 177-179, 181

근대주의 81, 153

기쁨과 희망 5, 29-30, 42, 51, 71, 75, 77, 78-79, 83-88, 91-98, 100, 104-106, 108, 127, 139, 140-144, 162, 174, 206-207, 212

■ 나 ■

뉴먼 21, 29, 47-54, 90, 99, 102-103, 120, 122-123, 134, 136, 141, 193, 199 ; 존 헨리 21, 29, 47, 48, 51-52, 90, 99, 102, 120, 122-123, 134, 136, 193, 199 ; 「교리 발전에 관한 에세이」 102, 193 ; 「동의의 문법」 51 ; 「교리 문제에 신자들의 자문을 구함에 관해」 49 ; 「영국 가톨릭 신자들의 현 처지」 54

니콜스 34 ; 아이단 34

10, 14, 22, 26, 40, 47, 52-53, 74, 83, 108, 112-113, 121, 125, 128, 134, 138, 144-146, 152, 154, 160, 162, 164, 178, 181-183, 185-186, 188-189, 209, 213

도일 176, 187 ; 데니스 8, 176, 187

독신 19, 72

드 뤼박 21, 36, 42-44, 69, 89, 166-168, 203, 205 ; 앙리 21, 36, 42-43, 89, 116, 168, 203 ; 「초자연」 43-44, 63-64, 72, 88, 90, 120, 135, 178 ; 「역설이자 신비인 교회」 167

드수자 ; 유진 83 ; 대주교 83, 145

■ 다 ■

다돌 113
다원주의 60
단체성 119, 151, 154, 182-183, 185
데 노빌리 96 ; 로베르토 96
데 스메트 160 ; 에밀 160 ; 주교 9-

■ 라 ■

라너 21, 59, 60-67, 69, 89-90, 93, 99, 104, 121, 124, 146-147, 157-158, 164, 169, 171-173, 183, 194, 196, 199-201, 212, 216 ; 카를 21,

59, 89, 93, 99, 121, 146, 157, 164, 169, 171, 183, 194, 199-201, 212, 216

라이트 125

레쑤르스망 40, 43

레오 13세 80

로스미니 40 ; 안토니오 40

론칼리 26-27, 70, 159 ; 안젤로 26, 159(또한 교황 요한 23세를 보라.)

루터 17 ; 마르틴 17

루피니 138

리치 7, 96 ; 마태오 17, 56, 96, 205

■ 마 ■

맥브리언 136, 162 ; 리처드 136, 162

몬티니 145, 160-161(또한 교황 바오로 6세를 보라.)

묄러 21, 45-46, 167, 180-181, 201 ;

요한 아담 21, 45-46, 167, 180, 201

무결성 205-206

무류성 49, 52, 71, 123, 152, 184

문학 비평 16

■ 바 ■

바오로 6세 14, 48, 108, 145, 160-162, 164, 175, 214

바오로 14, 18-19, 48, 69, 108, 126, 138, 145, 160-162, 164, 175, 186, 214 ; 성인 13, 158

바움 47-48, 191, 209 ; 그레고리 156, 191, 209

버틀러 83 ; 크리스토퍼 8, 83

베네딕토 15세 187

보니파시오 171

보편적 성화 소명 130-131, 151, 212

복음화 33, 95, 141, 188

부활 19, 56, 65, 93, 98, 169, 177, 206, 215

불변성 26, 49, 155

비오 10세 81, 126

비오 12세 12, 18, 26-27, 36, 46, 70-71, 81, 127, 157, 172, 215

비오 9세 40, 80, 111, 152-154, 156-157

비오식 획일주의 157

■ 사 ■

사도직 5, 53, 111-113, 126-129, 133, 139, 144, 146-149, 212 ; 사도직 활동 5, 111, 129, 144, 146-147, 212

삼위일체 56, 98, 122, 166, 202

상대주의 30-31

성서 12, 15-19, 20, 25, 28, 34-36, 40-41, 44, 68, 106, 115-116, 118, 124, 131, 134, 139, 144, 147-148, 153, 154, 159, 164-165, 172, 176-177, 184-186, 196, 203-204, 215

성서 근본주의 25

성령 5, 8, 10-11, 13-14, 17, 27, 44-47, 50, 53, 71, 76-77, 107, 115, 116, 118-119, 121, 131, 134-136, 146, 148, 158, 166, 168-169, 171-172, 174, 177-181, 185, 187, 190, 201-202, 205-208, 214-217

성령론 116, 121, 177-178

성령의 영감 17, 71, 215

성사 151, 155-156, 163, 168-169, 170, 172, 176, 185, 191, 195, 198, 200

세뉘 6, 21, 36, 41-42, 86-88, 103, 124-125, 184, 195, 201 ; 마리-도미니크 21

수에넨스 128, 131, 140, 162, 190, 208, 216, 217 ; 레온 요셉 216

수용 19, 50, 53, 96, 119, 135, 139, 189, 194 ; 받아들임 87, 119, 134-

135, 189-190, 212

수위권 40, 52, 158, 181, 183

스머드는 무류성 184

스콜라학 25, 35-36, 47, 49, 57, 68, 74, 80, 165, 184, 203, 213

시대의 징표 36, 87

신 신학 4, 35-37, 39, 41, 43, 68, 78, 81, 89, 92-93, 102-103, 107, 110, 113, 115, 120-121, 167, 177, 192-193, 209

신비 14, 23, 34, 37, 39, 45-46, 55, 64, 67-68, 92-93, 104, 124, 151, 162-169, 174-175, 180-181, 203, 206, 213

신비체 46, 180

신스콜라학 25, 35-36, 47, 49, 57, 68, 165, 184, 203, 213

신앙인의 감각 4, 53, 119-122, 134-135

신자 사제직 133

신학적 인간학 4, 46, 67, 78, 88, 90, 92, 124, 181

■ 아 ■

아우구스티노 90

아조르나멘토 74, 158, 165, 213

안셀모 7, 8, 12, 98

양식 비평 16

양심 49, 84, 123-124, 173, 204

역사 비평적 방법 16-17, 19-20, 25

역사적으로 의식하는 세계관 27, 62, 66, 104-105

연역적 방법 29-30, 41, 57, 62, 78, 84-85, 97, 140

영원하신 아버지 80

예로니모 72

예루살렘 공의회 115, 135

예수 그리스도 15, 55-57, 65-66, 92-94, 116, 168

오류 목록 80

오르시 209 ; 레디슬레이스 209

오맬리 106, 170-171, 194

요한 23세 8-9, 14, 27-28, 70-71, 74-75, 87-88, 100, 104, 128, 144-145, 156, 158, 160, 187, 207, 214, 216-217

요한 바오로 2세 126

「우리는 강력히」 126

유스티노 72

은총 8, 13, 34, 43, 64-65, 67, 88-91, 117, 130-131, 161, 168, 173-174, 180, 185, 196, 198, 202-203, 206, 208, 212-213

이원론 72-73, 87, 89

인류 5, 30, 36-37, 49, 53, 75, 79, 81, 84, 87, 93-94, 97, 105, 111, 120-121, 127, 129-130, 132-140, 143-144, 146, 151-152, 159, 161-166, 169-170, 173-175, 178-179, 181-183, 185-186, 188-191, 193-195, 197-205, 212

인류의 빛 5, 49, 53, 111, 120-121

일치 공의회 27, 70

■ 자 ■

전례 58-59, 95, 158, 186

전문위원 67, 117

전통 27, 46-47, 60-62, 64, 69, 95, 99, 120, 132, 136, 152-154, 178, 204 ; 성전 9, 35, 196

제1차 바티칸 공의회 40, 52, 68, 76, 89, 98, 123, 151-152, 155-156, 159, 168, 182, 184, 192, 203, 208-209, 213-216

제2차 바티칸 공의회 1, 2, 4-5, 7-15, 17, 20-22, 25-28, 30, 32, 34-38, 41-42, 45, 47-49, 51-53, 55, 57-59, 61, 67-80, 82-83, 85-86, 89, 91, 96-97, 98, 100-104, 107-108, 110-112, 115-118, 121-123, 125, 127, 131,

133-134, 137, 139, 140-142, 144-146, 148-151, 154-159, 161, 163-164, 166, 171, 175-176, 178-179, 182, 184-185, 187-188, 190-194, 196, 203, 205-206, 208-211, 213, 215-217

종말 163, 179, 194, 196-199, 201-202

지상의 평화 88, 144

■ 차 ■

첸토 145
초자연적 실존적 63
친교(의) 신학 4, 117-119

■ 카 ■

카리스마 114, 118, 121, 146-147, 149, 161, 181, 186-187

카스퍼 66, 100, 165 ; 발터 66, 100, 165

케르 214 ; 도널 7, 214 ; 박사 8, 10, 214

코몬착 11, 38, 42-43, 202 ; 조지프 11, 38, 42, 202

콩가르 44, 46, 69, 82, 86, 99, 104, 106, 113, 117-118, 123, 131, 139, 141-142, 149, 156-157, 173, 177-180, 184, 187, 190, 195, 198-199, 202, 207, 211, 213, 215 ; 이브 7, 21, 36-38, 44, 46, 82, 86, 99, 106, 113, 117, 131, 139, 141-142, 149, 156, 177, 179-180, 195, 202, 207, 211, 213, 215 ; 「그리스도인 간의 대화」 39

쿨만 211 ; 오스카 211
클레멘스 72

■ 타 ■

탈봇 11 ; 조지 11, 38, 42, 111, 202
토대적 31, 33, 62, 66, 78, 97, 100, 119
토마스 아퀴나스 80, 172
토착화 4, 58, 94, 188
통탄할 81
튀빙겐 학파 44, 46-47, 49, 51, 102, 167, 193 ; 학부 8, 180 ; 신학교 80
트리엔트 공의회 15, 46

■ 파 ■

파루지아 19
파스카 신비 174
파스칼 208 ; 블레이즈(블래즈) 208
판 베이크 211-212 ; 프란츠 요제프 211
편집 비평 16

평신도 4-5, 21, 49, 52-54, 69, 110-123, 125-150, 154, 160, 178, 190-191, 204, 206, 212
평신도 그리스도인 126
포트마이어 175, 182 ; 헤르만 175, 182
폰 드라이 44, 49, 99, 193-194 ; 요한 세바스티안 44, 99, 193
프랑스 혁명 73
프로테스탄트 개혁 17, 61, 73

■ 하 ■

하느님(의) 나라 14, 45, 102, 192, 196-197
헤블레스웨이트 153 ; 피터 153
헬위그 32, 223 ; 모니카 32
호교(론)적 가르침 97 ; 호교론적 가르침 62, 66, 78